現代社会を拓く教養知の探求

教養教育研究会編

Culture

Liberal Arts

General Education

Identity

Gender

World Recognition

Civic Public Nature

晃洋書房

まえがき

　人類社会のこれまでの活動が地球的規模で展開されることにより、さまざまな問題が立ち現れている。それらは、環境破壊をはじめとして、国境をこえた経済成長競争、またその一方で経済安全保障を掲げた排他的な経済ブロック体制による経済市場・技術交流の分断と対立、加えて軍事的覇権のための核兵器を含む軍拡競争、それらだけにとどまらず、人権侵害や難民、拡大する格差と貧困など焦眉の問題は枚挙にいとまがない。このような今日の世界を俯瞰して感ずることは、グローバリズムが進展し世界はますますつながりを深める一方で、国の競争優位を優先するナショナリズムが伸長され、それに伴う国家間の摩擦がいろいろな形態をとって引き起こされ、年を追うごとに強まっていることである。

　これらの諸問題の解決のためには、国家間ないしは国際的な政治交渉と法的規制、不断の努力、支援救済活動などが不可欠である。とはいえ、それらの取り組みだけで実現されるものではない。これは民主主義形成の基礎にかかることであるが、私たち一人ひとりが自己の世界認識をどのように成立させ、自己が所属する社会がどのような意思（認識）を形成しうるかが問われているということだ。

　今日の情報通信社会の発達は情報戦の様相さえ呈しており、やりとりされる見解の事実性、真実性がどう担保されているのか、必ずしも楽観視できる状況にはない。また、学術をめぐる政治的社会的事情もあって学術と社会の信頼関係も揺らいでいる。こうした状況の中で私たちはどのように自己認識を形成していくのか、ここに教養教育にかかる課題がある。私たちは、私たちを取り巻く諸問題が示すさまざまな事象に向き合い、それらから提示される情報を自らの知性（認識能力）と多様性を相互に認め合う態度（受容能力）で咀嚼し、言い換えれば、これらの諸問題のさまざまな部面を見極め、その本質・根源を的確に把握することが求められている。

現代の人類社会をとりまく諸問題の理解には、専門領域にかかる知見も欠かせないが、これらとは性格の異なる多様な角度をそなえた学問領域、なかでも市民的公共性をそなえた教養領域の知見が必要とされていると指摘されている。本書は、この後者の領域をたばねる教養教育をどのように構想し改善していくか、その一助となればと考えて企画されたものである。

今日の歴史と社会のあり様、学術と社会の関係性、また高度に発達した科学・技術の社会的諸問題をどのように認識すればよいのか。教養教育は、その解決の糸口を提供するものといえる。ことに今日の諸問題には、人はそれぞれの国に帰属するというよりは、共に地球（世界）に生きる市民として互いに連携し取り組むこと、私たち一人ひとりが人間的知性と人間的態度を育み、課題に向き合うことが求められている。

周知のように、大学設置基準の「大綱化」以降の教養教育は、その規制緩和によって「一般教育」制度の枠組みを外し、各専門学部のディシプリン科目の入門科目のみならず、また今日的な問題意識をそなえた多彩な学際的な科目などを設置し、教養教育ならではの市民的教養の枠組みを構成するようになっている。

大学とその教育は、単に専門性を身につけた人材（人間）を輩出するだけでなく、上述のような諸問題に応えその解決の道筋を示しえる、二一世紀社会に応える人材、すなわち市民的公共性をそなえた社会的人間を育むことが求められている。まさに大学は社会に貢献する社会的責任を問われている。大学が社会から必要とされる存在となるには、専門教育とは角度の異なった、教養教育に課せられた独自の課題に応えていくことが欠かせない。ここに総合性を旨とする大学（university）の二一世紀社会における存在意義、目指すべき姿がある。というのも、大学は、教養教育を教育課程の重要な柱として位置づけて、多彩な課題意識をもった教員を構成員とし、入学してくる多様な問題意識（学びの要求）をもつ学生と交流し育むところに固有の役割をもつ。

「二一世紀に生きる地球（世界）市民にふさわしい教養」とは何か。本書は、教養教育のさまざまな実践・取り組みを通した教養知の探求、その成果を紹介している。教養教育に関心をもつ研究者を含む多くの人たちに対して、教養教育に課せられた課題を広く議論し追究する「教養知探求の研究運動」の布石になれば幸いである。

二〇二三年一二月

教養教育研究会代表
兵藤友博

目次

第二部　教養知の学びと実践

第一部　教養知とその枠組み

大学教育の「大綱化」は、「新自由主義」的な規制緩和的な制度改革であったものの、他面では大学教育を多様な形で展開させた。ことに教養教育では一般教育の枠組みを残しつつも、あらためて教養とは何かを問うことで、私たち人類をとりまく世界と現代社会の変容の中で、人としての、すなわち社会的に生存する、その存在と行為、思考、人格などの市民社会を構成する人間としての知性のあり方を模索している。教養教育は、端的に言えば、人が人間的あることを問いかける育みといえよう。

第一部では、大綱化によってはからずもその新たな理念・方向性を検証しつつ形成されてきた教養教育の「教養知」の理念、その教育としての枠組みについて検討する。ここでの教養知とは認知的要素だけでなく評価や意見表明などの要素を含み込んだものとして考えている。

まず第一章では科学哲学の部面から、市民的教養の起源、近代社会における展開など、歴史を振り返りつつ、今日の二一世紀社会に求められる教養、知性を眺望する。第二章では、大学教育において、どのようにしたら包括的な教養教育が実現するのか、青年期にあたる学生一人ひとりが自己の教養知の「深層」、すなわち自己アイデンティティをどのように形成していくのかとの関連で検討する。第三章では、社会的・文化的ジェンダー概念を基軸として、その教養教育における意味、波及効果などについて取り上げる。第四章では、近代史の歴史認識の教養教育における価値を問い、どのようにアプローチすべきかをその実践的経験から考察する。

第1章　「教養知」の目指すもの

野家啓一

人文系の学者が自分たちの住む世界の自然法則や特性についてまったく無知になれるほど、また科学者が詩的情操と芸術的教養を欠いてしまうほど、我々の精神はそんなに貧弱ではありません。

J・S・ミル（竹内一誠訳）『大学教育について』

1　「方法」から「教養」へ

（1）デカルトの「方法」

デカルトの『方法序説』を引き合いに出すまでもなく、近代知および近代科学は「方法」の自覚と探求から始まった。知られているように、『序説』のフルタイトルは『理性をよく導き、学問において真理を探求するための方法序説。加えてその方法の試みである屈折光学、気象学、幾何学』というものであった。つまり、彼は自然科学や数学の真理を探求するための方法を明らかにするために、この短い『序説』を著したのである。

その冒頭部分で、デカルトは方法のことを「道（chemin）」というメタファーに託して語っている。すなわち「また、ごくゆっくりとしか歩かない人でも、つねに正しい道をたどっていれば、走っていて道をそれる人よりもはるかに前進できる」(1) というわけである。さらに彼は、その「道」が「方法」に結実することへと誇らしげに筆を進めている。

だが、恐れずにいえば、私の場合はたいへん幸運であったと思っている。すなわち、若い頃から私はたまたまある道に出会い、それは私をある考察と格率へと導き、そこから私は一つの方法（une methode）を作り上げた。この方法によって私は、知識をだんだんと増やしていって、私の凡庸な精神と短い人生とが許すかぎりの、最高点にまで少しずつ知識を高めることができるように思われた。(2)

こうしてデカルトは「明晰判明」にはじまる四つの方法的規則にたどり着く（第二部）。次に彼は世の中を幸福に生きていくための三つの道徳的格率をみずからに課する。「私の国の法律と習慣とに従うこと」をはじめとする、いわゆる「暫定道徳」である（第三部）。その上でデカルトは世の人々と交わるために、炉部屋をあとにして九年間の旅に出立する。旅においては、あらかじめ歩きやすい「道」が用意されているとは限らない。つまり「方法」がそのまま役に立つとは限らないのである。道なき道を行かねばならないこともあれば、藪を切り開いて新たな道を敷設せねばならないこともあろう。そのようなときに助けとなるのが身についた方向感覚と平衡感覚、すなわち「教養」にほかならない。つまり、型どおりの「方法」では身動きがとれなくなったときに、窮地に手を差し伸べてくれるものこそ「教養」なのである。

(2) ヴァレリーの「方法的制覇」

「方法（method）」という言葉がギリシア語の「meta hodos」すなわち「道に沿って」というギリシア語に由来していることはよく知られている。道草をせずにひたすら道に沿って前に進むならば、目標地点まで最短距離と最小時間で到達することができる。確実性と効率性を重んじる科学技術が何よりも「方法」を必要としたゆえんである。そのような観点からドイツの学問を論評したのはポール・ヴァレリーであった。彼は「方法的制覇」(一八九七年)と題された論文の中で、「ドイツはすべてをただ一つのものに負っている〔略〕知的分野では、方法と呼ばれるものがそれだ」[3]と指摘しつつ、続けて次のように述べている。

ドイツの学問を例にとっても同じことが言える。その分野でも、細分化・範疇化・規律化からなる原則が知識の対象に課せられている。そこでも、素晴らしい道具が効率を増加させている。次々に専門化していく研究所、数限りない文献資料、知リ得ルコトノ全テ omni re scibilis について講義する教育、微妙な問題に取り組んで生涯人知れず思索の淵に沈む学者、そうしたものが、豊富な財源で支援する国と連携して、一つの国民的学問を構成しているのだ。

我々は方法の問題をそのように抽象的な形で考えることができる。方法という言葉を耳にすると、みんなが考えるのは、ある状態からある状態へ移行するための一種のレシピ、実践的な規則である。〔略〕意想外のことは予測されているのだ。よき方法とはあり得べきあらゆるケースに対する答えを持っていることだ。[4]

ヴァレリーはこのような科学的概念の上に作られた後発の国家のなかに、ドイツと並んでイタリアと日本を加えているが、二〇世紀の国際情勢を考えるならば、微妙かつ鋭利な洞察と言わねばならない。

だが、方法がその力を十全に発揮できるのは、ドイツのアウトバーンのように、道があらかじめ整備されている場所でのみである。道のないところでは、すぐれた方法も無用の長物にすぎない。例えば山中で道に迷ったとしよう。道が見つからないのだから、「道に沿って」進むことはできない。その際に一番大事なことは、自分の現在位置を確認することである。つまり、自分が今どこにいるかを認識できて初めて、これからどの方向に進むべきかが見えてくる。そのためには地図とコンパスが不可欠であり、さらにそれらを使いこなす能力が必要とされる。それが「教養（Bildung, culture, liberal arts）」と呼ばれるものにほかならない。つまりは、道のないところに道を探り当てる方向感覚と平衡感覚とである。

2　西欧における「教養知」の展開

（1）リベラルアーツの起源

「教養」という言葉は曖昧かつ多義的な意味を持つ言葉であるが、ここではドイツ語の「ビルドゥング（Bildung）」ないしは英語の「カルチャー（culture）」や「リベラルアーツ（liberal arts）」に対応する概念と大まかに考えておくことにする。論が進むにつれて、その内容は明らかになってくるはずである。

日本では一九九〇年代の大学カリキュラムの大綱化に伴って従来の「教養部」が消滅するとともに、教養科目に相当する学問を「リベラルアーツ」という名称で呼ぶ大学が増えてきた。そのリベラルアーツの起源をたどっていくと、古代ギリシアの「エンキュクリオス・パイデイア（enkyklios paideia）」という言葉に行き着く。直訳すれば「円環的教育科目」といった意味であるが、これが当時は「自由市民に共通の教養」という意味で使われていた。古代ギリシア社会は自由市民階級と奴隷階級とが分たれた階級社会であった。その中で奴隷を所有できる自由市民（liberal citizen）が身に着けるべき知識や技能（arts）が「エンキュクリオス・パイデイア」と呼ばれたのである。その中心をなしていたのは、ピュタゴラス学派に由来する四科（quadrivium）と称された数学的学問（数論、幾何学、天文学、音楽）であった。他方の奴隷階級には、労働のための手仕事的技術（梃子、輪軸、滑車などの使用法）を習得することが求められた。

このような学問（教養）における階級制は、そのまま古代ローマ社会へと引き継がれた。ただし、数学的四科に当時の学問的公用語であったラテン語の技能に関わる言語的三科（trivium、文法学、修辞学、論理学）が加えられ、あわせて「自由七科」もしくは「自由学芸（artes liberales）」と呼ばれた。これが「リベラルアーツ」の起源である。ただし、注意されてよいのは、近年のわが国における「リベラルアーツ」がもっぱら人文的教養の意味で使われているのに対し、もともとの「自由学芸」は数学的四科と言語的三科をともに擁した「総合知」の役目を果たしていたということである。

（2）大学の起源と教養知

ヨーロッパでは、自由学芸の体系化がなされるのとほぼ時を同じくして最高学府としての大学（university）が設立される。というよりも、自由七科はヨーロッパ中世の大学における基礎科目として位置づけられ、学ばれたのである。最古の大学として知られるボローニャ大学は一一五八年に、パリ大学はほぼ同時期の一一七〇年に開学した。

そもそも大学は語源的には「宇宙（universe）」とも「普遍性（universality）」とも関係はなく、unum（一つ）とverto（方向）とが組み合わされたuniversitas（組合）を語源とする。英語で言えば労働組合（labor union）のunion、すなわちギルドを意味する言葉である。それがやがて「教師と学生の学問的な共同体（組合）」を指すようになる。それゆえ元をたどれば、ボローニャ大学は学生組合から、パリ大学は教員組合から出発した教育組織であった。

ヨーロッパ中世の大学は、基本的に四学部制をとっていた。すなわち上級三学部（神学部、法学部、医学部）と下級学部（哲学部）とから成り立っており、哲学部は今日でいえば文理学部ないしは教養部に相当する。上級学部はそれぞれ国家資格に裏打ちされた職業と直結しており（神父、法官、医師）、リベラルアーツをはじめとする基礎的な学問は主に哲学部において教授された。そのためカントは、『諸学部の争い』（一七九八年）において、国家の要求に応じて実用的な学問を講ずる上級学部に対して、哲学部こそは国家の干渉から独立して理性の法廷の下にのみ立つ学問的な真理探究の場であり、上級学部の名に値するとして、いわば学問のヒエラルヒーの転倒を主張したのである。

（3）近代の大学制度と「人間形成」としての教養

このようなカントの大学理念は、フィヒテやヴィルヘルム・フンボルトを通じて間接的にベルリン大学の新設構想に影響を及ぼしたと考えてよい。今日「フンボルト型大学」と呼ばれているのは、「研究と教育の自由」という彼の理念を基に設立されたベルリン大学（一八一〇）をモデルとする近代的大学のことである。(5) その柱となる主要な項目を掲げておけば、①研究と教育の統一、②学問の統合、③研究重視、④人間形成（Bildung）、⑤高等教育に対する政府の責任（したがって、教授の任免権は政府が持っていた）、といったことになるであろう。

このうち②学問の統合とは、大学は人文社会系と理工系をともに擁した総合大学（university）であるべきだ、という「総合知」の理念を表す。また④人間形成とはBildungの訳語であり、日本ではこれが大正時代に「教養」と訳されることになる。ゲーテの『ヴィルヘルム・マイスターの修業時代』などの作品が「教養小説（Bildungsroman）」と呼ばれるのは、それが主人公の青年の人間形成、すなわち「内面的価値の形成を伴う精神的成長」を描いた作品であることによる。

ゲーテとほぼ同時代を生きた哲学者のヘーゲルは、このBildungという概念を、「近代市民社会を生きる自立的個人の精神形成」という意味で用いた。以下の『精神現象学』（一八〇六年）の一節は、そのことを雄弁に物語っている。

> 日常の衣食住の生活をぬけだして教養へと一歩足を踏み出すには、一般的な原則と視点に立つ知識を獲得し、事柄一般を思考できるまでに訓練を重ね、根拠をあげて事柄の是非を判定し、具体的で内容ゆたかな対象を明晰にとらえ、きちんとことばにし、真剣に判断をくだせるのでなければならない。ただし、教養がはじまった

ばかりの時点では、日常生活の充実のなかで事柄そのものと真剣にとりくむという形の経験が重ねられる。その段階を経て、事柄の深層にある概念とのとりくみが真剣になされる場合でも、その水準での知識や評価を披歴する場としては、日常会話こそが似合いの場だというべきなのだ。[6]

ここで述べられているのは、まさに自立した近代的個人が身に着けるべき基本的リテラシーとでも言うべきものであり、言い換えればカントが「啓蒙とは何か」で人々に訴えかけた「自分の理性を使う勇気をもて」[7]ということにほかならない。こうして「教養」の概念は、自分の頭で考え、発言し、行動する人々の共同体、すなわち「公共圏（public sphere）」の形成へと繋がっていくのである。

（4）メカニカル・アーツの勃興

さきに古代・中世の学問の基盤であった「リベラルアーツ」は数学的四科と言語的三科が連携した「総合知」であったと述べたが、これには少々補足が必要である。古代ギリシアには周知のように、アリストテレスに由来するテオーリア（理論）／プラクシス（実践）／ポイエーシス（制作）という学問の三分類があり、数学的四科はテオーリア、すなわち哲学とともに理論的学問に属していた。それに対して技術（テクネー）はポイエーシス（制作）に属しており、「リベラルアーツ」の中には含まれていなかった。すでに述べたように、技術を操作する手仕事は奴隷階級の労働と見なされており、知のヒエラルヒーにおいて技術知は一段低いものとして差別されていたからである。ところが一八世紀に入ると、知の重心は人文的教養知から技術的制作知へと大きく転換することになる。

学問用語としてのラテン語を軸に編成された「リベラルアーツ」は、やがて世俗語が宗教（聖書翻訳）や文学をはじめあらゆる分野に滲透するにつれて、知のイニシアティブをメカニカルアーツ（機械技術）に譲らざるを得なくなる。そのきっかけを作ったのは、啓蒙主義の集大成とも言うべきディドロとダランベールによって編纂された

『百科全書』であった。この事典の正式名称は『百科全書または学問、芸術、工芸の合理的事典』というものであり、そこでは「すべての部門とすべての学問における人間知識の努力の一般的展望」を提供するものであることが謳われていた。ダランベールが執筆した「百科全書序論」には、自由学芸と機械技術の対比をめぐる次のような言葉が見える。

ここから自由学芸と機械技術との区別が生じ、さらに後者に対して前者に与えられる優越性が生じた。この優越性は疑いもなくいくつかの点については不当である。〔略〕自由学芸が機械技術の上に有する優越性――それは前者が精神に課する労働とそれに秀でることの困難さによるものだが――は、後者のほとんどが私たちに得させるはるかにまさる有用性によって充分に相殺される。〔略〕私たちのために時計の円錐滑車・がんぎ・鳴鐘装置を発明してくれた人々が、なぜ代数を完成すべく次々に努力してきた人々と同様に尊敬されないのか。(8)

ここで注目すべきは「有用性」にプラスの価値が認められていることである。少なくとも古典古代の「リベラルアーツ」においては、「有用性」すなわち俗世間の役に立つことは、pejorative（軽蔑的な）な形容詞ではあってもそれが称揚すべき価値とは考えられていなかった。この点は、今日我々が「リベラルアーツの復権」を主張する際にも、十分に留意しておかねばならない事柄である。

3　日本における「教養知」の移入

（1）訳語の変遷

「教養」という日本語は、現在では英語の“culture”もしくはドイツ語の“Bilding”の訳語としてほぼ定着している。「リベラルアーツ」に「教養」の語が当てられたのは、アメリカの主導でなされた戦後の大学改革のなかで、新制大学に「教養部」の設置が義務づけられ、その英語名が“college of general education”もしくは“college of liberal arts”であったことに由来する。「教養」については、明治八年に刊行された『明六雑誌』第三三号に掲載された中村正直の論説「善良なる母を造る説」のなかには次のような一文が見える。

同権か不同権かそれはさておき、男女の教養は同等なるべし。二種あるべからず。いやしくも人類総体をして極高・極浄の地位を保たしめんと欲せば、宜しく男子、婦人共にみな一様なる修養を受しめ、それをして同等に進歩をなさしむべし。(9)

一行目に「教養」の文字が見えるが、文脈から明らかに、これは「教育」の意味で使われている。このように、明治期における「教養」の用法は、ほとんど「教育」と同義であった。それに対して、最終行の「修養」はほぼ今日の「教養」の意味で用いられている。そのことを明治期の辞書に当って確認しておこう。(10)

明治一七（一八八四）年に上木された井上哲次郎・有賀長雄『改訂増補　哲学字彙』を見ると、“Culture”の項目には「修練」、それの関連語として“Scientific culture”には「科学修練」の訳語が当てられている。この時点ですでに「科学」の語が登場しているのは少々驚きだが、いずれにしてもculture の訳語としての「修練」は現代ではほぼ死語といってよい。

次いで明治四五（一九一二）年に刊行された井上哲次郎・元良勇次郎・中島力造の手になる『英独仏和哲学字彙』で“Culture”の項目に当ってみると、「修練、文化、人文、礼文、礼脩、修養」と、「文化」をはじめだいぶ現在の語感に近づいている。さらに“Bildung”の項目には「形成、構造、文化、礼文、礼脩、修養、修整、教育、涵養、薫陶、陶冶、養成」といった訳語が掲げられている。「陶冶」などは「人間形成」の意味で現在でも使われている言葉である。二つの項目に共通するのは「修養」であるが、明治期には「教養」の語は「教育」の意味以外ではまだ登場していないようである。その点では、以上のような訳語の変遷を総括した、寄川条路の次のような見方は妥当なものと言えよう。

哲学用語としては、ようやく明治末期になって、「文化、人文」という今日的訳語と共に、「修養」の訳語が用いられるようになったといえる。日本語としては、努力して人格を向上させる明治期の「修養」の語が、文化の享受を通して人格を向上させる大正期の「教養」の語となったと思われる。(11)

(2) 阿部次郎と大正教養主義

大正期の「教養」概念と言えば、すぐに思い浮かぶのは、大正教養主義のリーダーと目された阿部次郎の名前であろう。阿部は東北帝国大学法文学部美学講座の初代教授であり、当時の青年たちの必読書に挙げられていたベストセラー『三太郎の日記』(一九一四年)の著者として知られている。

わが国最大の国語辞典である『日本国語大辞典第二版』(小学館、二〇〇一年)の「教養」の項目には「学問、知識などによって養われた品位」という語釈がなされており、代表的用例として阿部の『三太郎の日記』から次のような一節が引かれている。「我らは我らの教養を釈迦に〔略〕キリストに、ダンテに、ゲーテに、ルソーに、カントに求むることについて何の躊躇を感ずる義務をも持っていない(12)」という一文である。

この文章だけを読めば、阿部に代表される大正教養主義の思想とは、旧制高校臭芬々《ふんぷん》たる、西洋かぶれのエリート主義といった印象をもたれることとであろう。だが、阿部の真意はそこにはなく、むしろ辞書編纂者が〔略〕と記した部分にこそ存する。省略された文章は「――自分はここに自明のことを繰り返しておく必要を感ずる。釈迦は日本人ではない。釈迦は蒙古人種でもまたない――(13)」というものである。

言うまでもなく阿部は、仏教を日本古来の宗教のように、儒教を日本古来の道徳思想のように錯覚している日本人の大衆ナショナリズムを念頭に置きながら、「釈迦は日本人ではない」と釘をさしているのである。それゆえ彼は「浅薄なる民族主義が勢力を得んとする時代」のただ中で、「普遍妥当性に対する純真なる憧憬を欠くとき、あらゆる教養は、あらゆる学術はその根底を喪失する。かくのごとき教養は、民族と民族との間の憎悪を増進する『戦争』の道具となるにすぎないであろう[14]」と断言して憚らない。当然のことながら、そこから阿部の教養主義は狭隘なナショナリズムを排し、人類的普遍を目指すコスモポリタニズムの方向へと大きく舵を切るのである。

> そうして自己の教養として見るも民族的教養は我らにとって唯一の教養ではない。およそ我らにとって教養を求むる努力の根本的衝動となるものは普遍的内容を獲得せんとする憧憬である。〔略〕従って我らが教養を求むるは「日本人」という特殊の資格においてするのではなくて、「人」という普遍的の資格においてするのである。日本人としての教養は「人」としての教養の一片にすぎない[15]。

我々は大正教養主義の核にあった「教養」概念が、このような「人」の地平を目指す普遍主義的志向を持っていたことを忘れるべきではないであろう。それは「民族的特殊」のリージョナリズムを乗りこえ、「人間的普遍」の基盤の上に立つことにおいて、当時のヒューマニズム思想とも軌を一にしていた。大正教養主義が吉野作造らの大正デモクラシーや長谷川如是閑らの大正リベラリズムの運動とも不即不離の関係にあったゆえんである。今や陳腐と化した「教養」概念が、その初発の志において、以上のような普遍主義と自由主義の理念と緊密に結びついていたことに、我々は改めて注目しておかねばならない。

4 「教養知」とは何か

（1）教養知の再定義

私が学生時代を過ごした一九六〇年代後半から一九七〇年代前半にかけて、「教養」という言葉はいまだ輝きを放っていた。大学にはもちろん「教養部」が存在していたし、書店を冷やかせば『現代教養全集』（全一五巻、筑摩書房、一九五八―一九六〇年）、『世界教養全集』（全三四巻、別巻四冊、平凡社、一九六〇―一九六三年）、『現代の教養』（全一六巻、筑摩書房、一九六六―一九六八年）といったシリーズ物がところ狭しと並んでおり、文庫本の書棚の一角は岩波文庫とともに「現代教養文庫」（社会思想社）が占めていた。戦後のある時期まで、「教養」は人々がある種の憧れをもって口にする知のシンボルだったのである。

ところが、大学の教養科目が学生たちから「パンキョウ」と呼び捨てにされ、さらに一九九〇年代に入って新自由主義による規制緩和政策の一環としてなされた大学設置基準の大綱化に伴い、雪崩を打つようにほとんどの大学から「教養部」が消滅するにつれて、「教養」はいささかの気恥ずかしさなしには口にできないような言葉になった。

そのような時代の風潮に逆らうかのように、正面から『「教養」とは何か』（講談社現代新書、一九九七年）を書名に掲げて果敢に「教養」概念の再定義を試みたのは、当時の一橋大学学長、ドイツ中世史の泰斗阿部謹也であった。彼の「教養」の定義は、次作『学問と「世間」』の中で明らかにされる。

私は教養を次のように定義している。

「教養とは自分が社会の中でどのような位置にあり、社会のために何ができるかを知っている状態、あるいはそれを知ろうと努力している状態である」と。このように教養のある人を定義すると、これまでの教養概念のように知識人だけでなく、農民や漁民、手工業者たちも含まれることになる。(16)

この阿部による「教養」の再定義に感銘を受けた私は、日本学術会議の機関誌『学術の動向』から「大学教育」について寄稿依頼を受けたとき、阿部の定義を踏まえながら、「科学技術時代のリベラルアーツ」と題して、それを次のように敷衍することを試みた。

教養とは、歴史と社会の中で自分の現在位置を示す地図を描くことができ、それに基づいて人類社会のために何ができるか、何をなすべきかを知っている状態である。(17)

(2)「方向感覚」と「平衡感覚」

先に述べたように、「道」が存在する場所では「道に沿って」すなわち「方法」に従って進むことが効率的でもあるし確実である。しかし道を失い、道に迷ってしまえば「方法」は役に立たない。山中であれば遭難の危機に瀕する。その際に真っ先になすべきことは、自分がどこにいるのかを知ること、すなわち「現在位置」の確認である。そのためには地図とコンパスが必要となる。それを駆使して自分の現在位置を確認し（自己認識）、自分の進むべき方向を見出す能力を「方向感覚」と呼んでおこう。これこそが「教養」の一方の柱にほかならない。

ただし、複雑かつ不透明な現代世界の中で自己の現在位置を確認するためには、歴史や地理の知識のみならず、地球環境の危機やゲノム編集の潜在的危険についても知らないではすまされない。それゆえ科学技術時代の「教養」は人文知と科学知の双方にまたがる広範な領域をカバーする必要がある。理工系の人文社会リテラシーとともに、文系の科学技術リテラシーが求められるゆえんである。だが、考えてみれば、もともとの「リベラルアーツ」

は言語的三科（文系）と数学的四科（理系）とから構成されており、まさに人文知と科学知とが相補的に相乗りする形で体系化されていた。それゆえ、難しいことはない。原点に立ち返ればよいだけの話である。

ここでもう一度地図の話に戻れば、現在位置確認のための地図は、当然のことながら、自分を中心に描かれている。また目的地までの距離も自分を出発点にして測られている。そこに欠けているのは「他者」の視点である。この自己中心的な地図を補正するには、自己相対化の視点を導入する必要がある。「教養人」について近代中国の思想家林語堂は次のように語っている。

> 教育または教養の目的は、知識のうちに見識を養い、行為のうちに良徳を培うにある。教養のある人とか、または理想的に教育された人とは、かならずしも多読の人、博学の人の謂《い》いではなく、事物を正しく愛好し、正しく嫌悪する人のことである[18]。

先の阿部による知識の再定義と同様に、林もまた教養を知識の量ではなく、一つの精神態度として捉えている。「事物を正しく愛好し、正しく嫌悪する人」とは、是非善悪、理非曲直をわきまえた人、つまりは倫理感覚に裏打ちされた判断力を備えた人、ということであろう。倫理とは「人と人の間に成立する規範」であるとすれば、それを身に着けるには人との交わりを積み重ねるほかはない。この能力を「教養」を支えるもう一本の柱として「平衡感覚」と呼んでおこう。すなわち、他者を理解し、他者に共感する能力のことである。これはまた、偏狭な「自己中心主義（egocentrism）」や「自民族中心主義（ethnocentrism）」に陥らないための歯止めでもある。付け加えておけば、きちんとした他者理解ができなければ、まともな自己認識ができるはずはないのである。

（3）体験的教養教育論

以上をまとめるならば、教養知とは自己認識（方向感覚）と他者理解（平衡感覚）とを二本の柱とする人間力だと言うことができる。自己認識の基盤は自己理解に基づいて自分を表現する「知力（intellect）」であろう。そのためには孤独の中で自分と向き合う必要がある。そこからしか絆や連帯は生れないからである。他方の他者理解の基盤となるのは「共感力（sympathy, empathy）」であり、これを培うには「異他的なるもの」との接触、すなわち外国人、異文化、異性との交流が不可欠となる。大学はそのための時間と空間を提供しなければならない。言い換えれば、大学には制約のない知的交流の場、すなわち「アジール（市場原理から遮断された知的交歓の場）」を整備し提供する義務があるのである。

それでは教養知を育むための大学教育は、どのような形であるべきだろうか。以下では私自身の体験を交えながら、あるべき教養教育の姿をスケッチしてみたい。端的にいえば、教養教育のカリキュラムは、先にも述べたように、科学技術リテラシーと人文社会リテラシーが交差するような形で組み立てられることが望ましい。つまり科学知と人文知を統合した「総合知」の教育である。

私が籍を置いた東北大学（旧東北帝国大学）は一九〇七年に理科大学（現理学部）のみの単科大学として出発した。だが、初代総長の澤柳政太郎は、当初から「大学は総合制（総合大学）でなくてはならぬ」という信念をもっていた。それゆえ、理科大学の学生であっても物理・化学のみならず、人文的教養の必要なことを説き、「科学概論」講座を新設してそこに新進気鋭の哲学者田辺元を招聘したのである。田辺はこの科目をPhilosophy of Scienceと理解してそれを「科学哲学」と呼んだ。

現代世界が直面する困難な諸問題は、温暖化をはじめとする環境問題にせよ感染症パンデミックにせよ、例外なく科学技術のあり方に関わらざるを得ない。しかも「科学なし」には解決ができず、「科学だけ」でも解決に至らない「トランスサイエンス的」な問題ばかりである。それらは科学の不確実性と技術の不完全性の中で社会的意思決定をせねばならない問題であり、そこでは専門家の技術的知識と市民の社会的判断力との協働が求められる。それゆえ教養知のカリキュラムには、生命倫理や環境倫理を含めて「科学技術のシヴィリアン・コントロール」に必要な最低限の理系的知識が準備されていなければならない。もし澤柳政太郎が現代に生きていたならば、間違いなく「科学技術社会論（ＳＴＳ）」講座を新設し、気鋭の担当者を招聘したに違いない。

もう一つ東北大学では、教養部消滅以後の空白を埋めるために、二〇〇八年に「教養教育院」を新設した。この設立には私自身も理事・副学長として関わったが、教育と研究に優れた業績を挙げた名誉教授の中から教養教育に情熱と見識をもつ方々を「総長特命教授」として再雇用し、一年生向けの教養科目を担当してもらおうという目論見である。実は私自身も定年退職後の六年間、この教養教育院に籍を置いて、一年生の「基礎ゼミ」を担当することになった。

私が開講したのは「近代日本の名著を読む」というゼミである。福沢諭吉の『学問のすゝめ』をはじめ、名著の誉れ高い本は、名のみ知られて読まれることが少ない。そこで古典として声価の確立した近代日本の代表的著作をともかく何冊か実際に読んでみることを試みた。取り上げたのは、『学問のすゝめ』をはじめ、内村鑑三『代表的日本人』、中江兆民『三酔人経綸問答』、新渡戸稲造『武士道』、岡倉天心『茶の本』などである。学年末の打上げの折に感想を聞いたところ、一人の女子学生が自分の本棚にはこれまで岩波文庫が一冊もなかった、このゼミのお陰で本棚の一角に岩波文庫がずらりと揃ったのが嬉しい、と語ってくれた。この感想は私にとっても最も嬉しい言葉であった。

イタリアの作家イタロ・カルヴィーノは、古典について「古典とは、私たちが読むまえにこれを読んだ人たちの足跡をとどめて私たちのもとにとどく本」(19)であると述べている。古典を読むとはそのような足跡をたどることであり、みずからそこに新たな足跡を刻印することでもある。古今東西の古典を読むことによって、我々は容易に国境、人種、民族、性別、時代などのバリアーを乗りこえ、多様性を有する他者の理解、他者との共感へと、想像力の回路を開くことができる。

以上述べてきたことは、むろん広大な「教養知」のごく一面にすぎない。しかし、そのための不可欠の一歩ではある。その一歩を踏み出すことこそが、人間的普遍を基盤とした、国境なき「精神の共和国」へと我々を導いてくれる。「教養知」を身に着けることは、そうした精神の共和国へ参入するパスポートを獲得することであり、その一員にふさわしい自己を形成する試練にほかならないのである。

注

（1）ルネ・デカルト『方法序説』山田弘明訳、ちくま学芸文庫、二〇一〇年、一九頁。
（2）同上書、一九―二〇頁。
（3）ポール・ヴァレリー「方法的制覇」『精神の危機』恒川邦夫訳、岩波文庫、二〇一〇年所収、七三頁。
（4）同上書、七四―七五頁。
（5）ヴィルヘルム・フンボルト「ベルリン高等学問施設の内的ならびに外的組織の理念」『大学の理念と構想』梅根悟訳、明治図書、一九七〇年。
（6）G・W・F・ヘーゲル『精神現象学』長谷川宏訳、作品社、一九九八年、三頁。
（7）イマヌエル・カント『永遠平和のために／啓蒙とは何か』中山元訳、光文社古典新訳文庫、二〇〇六年、一〇頁。
（8）ディドロ＆ダランベール編『百科全書』桑原武夫訳編、岩波文庫、一九七一年、六〇―六一頁。
（9）中村正直「善良なる母を造る説」、『明六雑誌（下）』岩波文庫、二〇〇九年所収、一二六頁。
（10）本文中に掲げた辞書のほかに、石塚正英・柴田隆行監修『哲学・思想翻訳語事典』論創社、二〇〇三年所収の「教養」の項（寄川条路執筆）を参照した。
（11）同上書、『哲学・思想翻訳語事典』「教養」の項。
（12）阿部次郎『合本 三太郎の日記』角川書店、一九六八年、三五三頁。
（13）同上書。
（14）同上書、三五四頁。

(15)　同上書、三五二頁。
(16)　阿部謹也『学問と「世間」』岩波新書、二〇〇一年、一二三―一二四頁。
(17)　野家啓一「科学技術時代のリベラルアーツ」『学術の動向』二〇〇八年五月号。
(18)　林語堂『生活の発見』世界教養全集第四巻所収、平凡社、一九六三年、三五八―三五九頁。
(19)　イタロ・カルヴィーノ『なぜ古典を読むのか』須賀敦子訳、河出文庫、二〇一二年、一三頁。

第2章 大学生の成長と教養知

河井 亨

本章では、大学生の成長という視角から、二一世紀の教養知のあり方を探る。大学生は、大学という場で、「知識との関係で成長」していく。大学生の多くは若者でもあり、「学校から仕事への移行（トランジション）」という課題、そして「アイデンティティ形成」という課題に取り組んでいる。本章の前半ではまず、これらの三つの側面から大学生の成長を捉え、教養知のあり方を考察する土台としたい。

1 大学生の知識との関係での成長

大学生は、大学という場を通じ、多様な他者との交流を通じた成長や自己形成といった成長とともに、知的な面で成長していく。大学生の知的な成長とは、知識との関係での成長である。大学生の知識との関係での成長は、四つの局面に区切られている[1]。

第一局面は、他者や権威に依存しており、十分に自立していない局面である。知識との関係では、正解と不正解に分けられるという二元論的な認識を生きている。第一局面では、正解を有すると考えられる権威に依存し、正解があるという絶対的認識に留まっている。そのため、知識と向き合う主体として自立するには至らず、知識との関係も未分化なままとなる。

自分とは異なる考えや自分が持っていない考え方に出会い交流する中で、第二局面へと成長する。「教育」「ジェンダー」「平和」といった同じ主題であっても、異なる立場や異なる考え方からくる多様な意見に出会う学びを通じ、多元論的な認識に開かれていく。大学の教養科目において、「いろいろな考え方があることに気づいた」という学びの感想が寄せられることがしばしばある。ここには、大学生が多元論的な認識へ開かれていく姿が見られる。

第一局面の二元論から第二局面の多元論へと移行するなかで、知識の複数性の地平に開かれていく。そして、知識の複数性とともに、知識に対する根拠とその認識の正当化を考える地平が広がっている。知識は知的営為から生じるのであり、意見や主張は、意見や主張をする人が知識を用いて組み立てており、正当かどうかは説明しなくてはならないものと考えられるようになる。こうして、多元論の認識へ進む中で、知識と向き合う主体として自らを形成する。知識との関係においては、未分化な関係から分節化し、権威への依存から自立する存在として自らを形成していく。このように知識を扱って活用する中には、どれほど意識的に考えているかには幅があるとしても、「自分はどう考えるのか」という自分の考えへの問い、そして自己への問いの契機がある。

そこからさらに、多元論的な認識のもとで、知識や考えや意見を関連づけていく成長が第三局面である。絶対の正解から多元論的な知識のアリーナへと視野が開かれたとしても、多くの知識や意見を十分に関連づけずにばらばらなままにとどまっていては、第三局面へと移行できない。自分とは異なる考えであっても、何が異なっているかを考え、根拠や想定における相違点と合意点を探る知的な歩みを進むことで、複数の知識や考えが関連づけられている関係論的な認識へと成長できる。知識を学んでいくという過程において、授業の一コマでの知識の内容の理解だけでなく、長期的に複数の知識の関連性を考える学び――メタ認知を働かせる自己調整学習――のなかで、知識を関連づけるとともに知識との関係を構築していく。知識がどこからやってくるのかという認識が多元論へ開かれるとともに、学習者として、どう知識を構築するかが問われている。知識の関連性を見出していく関係論の認識の中で、根拠を持って自分の考えをまとめるべく、批判的思考を働かせ、知識を関連づけていく学びを進めていく。

第三局面の関係論の認識では、「自分はどう考えるのか」という自分の考えへの問いに対して、知識を関連づけて自分の考えを組み立て、問いへの応答をする道のりを歩んでいく。

第四局面では、関係論的な認識とともに、「これが自分の考えだ」というコミットメントが定まる。知識や考えの関連づけは、「なぜ、その考えが自分の考えなのか」という問いに立ち入ることなしに、機械的に行われることもある。どれだけ知識を関連づけて充実したレポートがつくられたとしても、その後の大学生活や人生に響かない学びということもあり得る。批判的思考を働かせ、一つひとつの意見や主張の根拠を吟味する知的作業を経て、知識を関連づけるところまで成長することが可能であるものの、忙しない現代社会の生活において、ゆっくりと立ち止まって、「なぜ自分はそう考えるのか」と自分自身という根拠を問うていくことは容易ではない。たいていの場合、そこまで考えを進めることをしないですませてしまう。自分とは異なる考えを否定・排除して完了することのほうが、よほど容易であり、満足感も得られよう。しかし、そうするのではなく、自分とは異なる考えの根拠も含めて解釈を多元化し、呼応して自分の考えも問い直し、時間がかかろうとも、「これが自分の考えだ」と言えるだけのコミットメントをもって、知識との関係をつくることが第四局面の成長なのである。

この第四局面において学生は、知識との関係において、知識とそれを元にした意見や主張を評価する主体として、知識の複数性に相対することができている。そしてまた、知識の根拠となる価値の複数性の地平へと開かれ、どの価値へと自らが立脚するかを選択する過程を経る。そこでは、ひとたびコミットメントを打ち立てたところで、完結するものではない。知識の複数性の地平と価値の複数性の地平の広がりの中、「なぜ自分はそう考えるのか」という自己自身への批判的思考を働かせ、さらなる広がりの中で問い続け、対話を続けるような学びが可能となる。自分とは異なる考えを持つ他の学生との対話、「自分がどう考えるのか」や「なぜそう考えるのか」という自分自身や自身の価値に向けられた問いへの応答という対話を続けていく。「知識との関係とともにどう生きるか」という問いに応え、関係づけられた知識と考えと価値をつくり、その学びの来歴とともに自分自身がつくられていくのである。

2　大学生の学校から仕事・社会への移行

学生たちはまた、学校から仕事への移行（トランジション）という課題に直面している。学校から仕事への移行（トランジション）は、ライフコース研究や若者研究によって研究が積み重ねられている。仕事への移行は社会への移行でもあり、その背景となるのは、リスク社会と個人化である。今日のリスク社会においては、リスクの結果に対し、社会ではなく個人が対処するという個人化が進んでいる。[2] 学校から仕事・社会への移行では、若者が成人期へ移行していく過程であり、教育達成、労働、家族からの自立生活、パートナーとの関係構築、親になることという五つの標識がある。学校から仕事・社会への移行を成し遂げるには、五つの標識を達成していくことが必要になる。同時に、その指標を達成していくことがいかに難しいかがライフコース研究と若者研究によって示されている。[3] 学校から仕事・社会への移行から見れば、大学生は、社会への移行過程にあり、仕事への移行過程にあり、仕事について安定するまでの移行過程のまっただ中にあると理解することができる。学校から仕事への移行も「軌道」のように個人の裁量権なく到着地が固定化されているものではなく、個々人がリスクや不確実性に対処していく「航行」という性質を備えるものとなっている。[4]

学校から仕事への移行の土台をなすライフコース理論においては、ライフコースは、構造によって完全に決定されるものではなく、個人の意志や行為の力であるエージェンシーを無制約に発揮できるものでもなく、構造とエージェンシーが相互作用しあってつくられるものと理論化されている。[5] エージェンシーの機能を検証する研究では、意識的な計画形成やポジティブな展望形成によって、リスクや不安に対処し、学校から仕事・社会への移行をうまく航行することが示されている。[6] 日本の若者や大学生についての実証研究からも、学校から仕事への移行において、将来への見通しを持って、日常生活で行動に移していくことや、学びの習慣を積んでいくことが、仕事についてからの適応（時には、抵抗）や人生の形成に有効であることが示されている(7)。

1節で見てきた知識との関係での成長と結びつけて考えるならば、知識を関連づけていく学びと成長は、機能するエージェンシーと連動して、仕事や社会への人生の移行に有効に働くことが期待できる。エージェンシーの働きや仕事へのキャリア意識やより広く将来への見通しと切り離して、知識を関連づけていく学びを多くの学生が自己主導的に駆動していけると想定することは難しい。他方で、いくらエージェンシーが働いていても、仕事に向けたキャリア意識や行動だけに駆り立てられては、知識を関連づけていく学びを落ち着いて深めていくことがおぼつかなくなるだろう。それどころか、知識を断片的なままにしてしまったり、表層的な学びで単位だけを取得してしまうことにもなりかねない。

学校から仕事への移行（トランジション）研究が示すように、構造とエージェンシーは相互作用する。その中で、エージェンシーの働きと知識を関連づけていく学びとのバランスの間で、将来への展望と行動が影響を受け、それらをどのように創造的に結びつけていくか、エージェンシーを効果的に機能させることができるかという容易ではない課題に学生は直面しているのである（図2-1）。

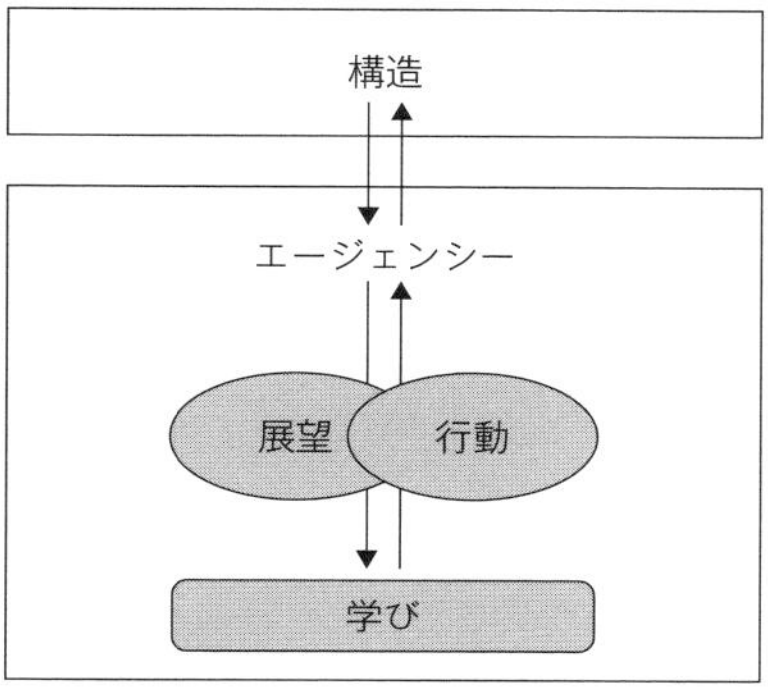

図2-1　エージェンシーと学びの相互関係

3　大学生の学びとアイデンティティ形成

大学生はまた、若者の生きられた経験としてのアイデンティティ形成に取り組んでいる。アイデンティティ形成は、エリクソンによる理論化以降、多岐にわたるテーマを生み出し、多くの研究の蓄積がある。

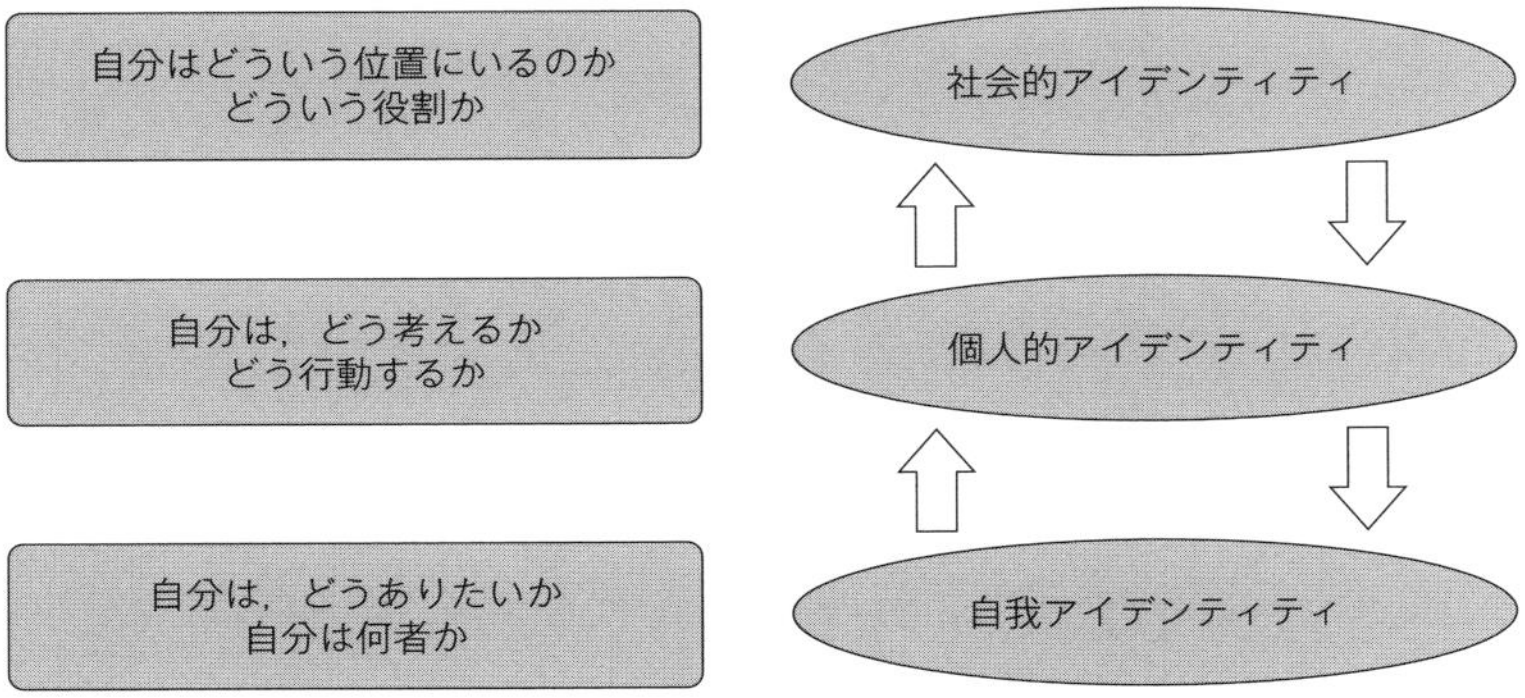

図 2-2　アイデンティティ形成の三水準

多岐にわたるアイデンティティ形成についての研究を総括する枠組みとして、「簡略化したアイデンティティ形成理論」が提案されている。[8] その枠組みは、社会構造・相互行為・パーソナリティという三つの水準とその間の作用によって、アイデンティティ形成を説明する。**図2-2**のように、三つの水準に応じて、社会的アイデンティティ、個人的アイデンティティ、自我アイデンティティがあり、その間に相互作用がある。

大学生は、大学生になっていく過程で、社会的位置や役割のような社会的アイデンティティだけでなく、多様な人との関わりの中で相互行為のコミュニケーション様式といった個人的アイデンティティも形成していく。「自分はどういう位置にいるのか、どういう役割か」という問いや、「自分は何をどう考え、どう行動するか」という問いを前にして、自分自身のあり方を模索している。大学で学び成長する時間を経ていく中で、知識や技能ばかりではなく、自身の価値観や信念を形成していく。「自分がどうありたいか」や「自分が何者なのか」を問い、自分がどういう存在かという感覚――アイデンティティの感覚――を探求し、形成していくのである。

大学生は、アイデンティティ形成という経時的な流れの中での活動に取り組んでいる。アイデンティティ形成は、知識との関係における土台にあたる動機づけとして作用する。[9] アイデンティティ形成という連続的で持続的な営為の中で、学ぶ意義や理由としての動機づけが定まり、知識との関係において、知識を関連づけることに積極的に関与することができる。他方、アイデンティティ形成が不安定となれば、学ぶ意義や理由の動機づけが定まらず、日々の学びや、知識の関連づけといった労力を要する知的な作業に時間やエネルギーを注ぎ込むことが難しくなる。少なくない学生が「何のために学ぶのか」という問いに卒業のためや単位のためと一応の答えを持っていたとしても、目の前の課題に対して「何のために、これをしているのか」と気力が湧いてこないという難しい状況を生きることを経験している。学生の学びは、アイデンティティ形成という連続的で持続的な営為の中に埋め込まれているのである。

同様に、エージェンシーの働きは、アイデンティティ形成の連続的な流れの中で作動していると理解することができる。人生航路としてのライフコースが既定のものではなく航行していくとして、エージェンシーが無制約に働けるわけではない(10)。将来の見通しのようなポジティブな将来展望や自己調整学習習慣による意識的な計画形成によって、エージェンシーの働きが支えられる。言い換えれば、プロアクティブなアイデンティティ形成をしている学生は、エージェンシーを効果的に働かせて、さらなる機会に出会い、成長していくことができる。他方、アイデンティティ形成が不安定になれば——それこそ、現代の多くの大学生の生きられた現実ではあるが——、エージェンシーが十全に機能することを期待することは難しい。将来展望や目的に向かって、自らの地平を広く見渡して行動に移せるプロアクティブなアイデンティティ形成を経験している学生ばかりではない。展望はあっても行動に移せない学生や、目的が他者や社会に広がっていかない学生、いくらか行動していても探求の広がりの出せない学生、展望や目的を持つことが難しく行動に移すことも難しい学生もいる(11)。アイデンティティ形成の不安定化は、エージェンシーの働きを妨げるとともに、自らの地平を収縮させ、行動を萎縮させ、日々の学びの不安定化と連動してしまう。

4　知識・エージェンシー・アイデンティティ形成の連関

ここまで見てきたように、「知識との関係での成長」としての学び、「学校から仕事への移行（トランジション）」における「エージェンシーの働き」、「アイデンティティ形成」は相互作用して循環する関係になっている。その循環関係をアイデンティティ形成の三水準とまとめて結びつけると、図2-3のように整理できる。

図2-3の左上の好循環では、機能するエージェンシーがプロアクティブなアイデンティティ形成と結びついて、将来展望はポジティブになり、それに基づく行動も生み出され、深い学びが生み出されている。この時には、社会的な機会を捉え、多様な他者とよい関係を構築して、価値や信念を形成し、高いウェルビーイングの状態で日々を過ごすことができている。他方、右上の悪循環に見られるように、エージェンシーがうまく機能しなかったり、アイデンティティ形成が不安定化したり脆弱になったりすると、展望や行動が萎縮してしまい、学びも浅いものとなってしまう。この時、社会的な機会を逸したり、他者との関係が不安定化したりし、自分自身の価値や信念や目的も揺らいだり、見失ったりしてしまい、ウェルビーイングが低下することを経験してしまう。

この図2-3では、好循環と悪循環を図示しているが、二元論をなしているわけではない。素晴らしい出会いや経験をきっかけに、悪循環から好循環に転じる可能性がある。同じ程度（かそれ以上）に、個人の人生史上の出来事や戦争や感染症や自然災害のような社会的な出来事によって、好循環が悪循環に転じることもあり得る。日々のコツコツとした積み重ねで徐々に好循環のサイクルを経験していける人もいれば、日々の小さなつまずきから悪循環を経験してしまう人もいるかもしれない。その二つの間には、多様な人生のバリエーションがあるだろう。

日常的実践としての大学教育に対して問われていることは、悪循環の連鎖から好循環につながる契機をいかにしてつくりだすかということ、すなわち、どのように悪循環につながる道を阻み、どのように好循環への道を開くか

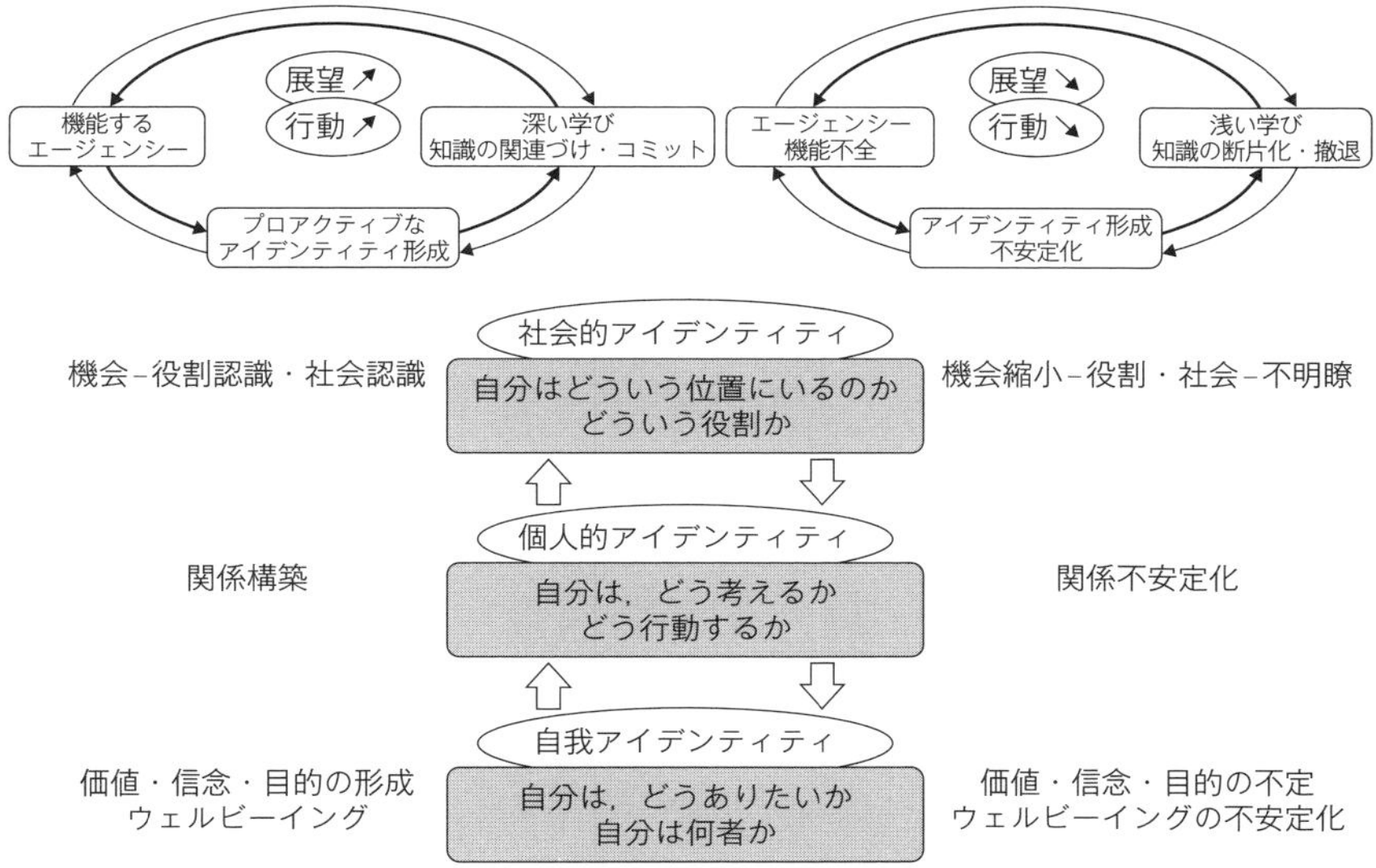

図 2-3　エージェンシー―アイデンティティ形成―学びの循環図

ということである。この問いに向かう前に、ここまでの説明で十分に触れることができていない〈エージェンシー→学び→アイデンティティ形成〉という時計回りの作用について触れておきたい。すでに図2-1の概括で示されているように、エージェンシーはまた、学びのあり方に影響を与える。そして、連続的で持続的なアイデンティティ形成がエージェンシーの働きを規定している面がある。エージェンシーが自由裁量でないというのは、構造から自由でないだけでなく、これまでの人生とその中でのアイデンティティ形成から自由でもないという意味である。

時計回りの作用の中で、大学教育そして教養教育の可能性を考える本章にとって、重要となるのは、学びがアイデンティティ形成に影響を与える可能性の通路である。アイデンティティ形成が学びのありようを規定するとはいえ、一方通行の影響関係ではない。日々の学びがアイデンティティ形成に影響を及ぼすという影響にも眼を向ける必要がある。そしてまた、先の図2-3に関わっては、〈エージェンシー・学び・アイデンティティ形成〉が循環するという説明がされているものの、学びがエージェンシーへと再帰的に作用してアイデンティティ形成に影響するという学びを起点とした通路の説明が手薄であった。学びを起点としたエージェンシーとアイデンティティ形成への作用についても目を向ける必要がある。

原理的には、アイデンティティ形成という成長が学びを規定し先導するというだけでなく、学びがアイデンティティ形成を先導するという関係性へ目を開く必要がある。同様に、学びがアイデンティティ形成を阻むという関係性ともなりうる。学びと成長をめぐって、「学びを先導する成長」したがって「成長が学びを規定する」という固定的な関係を解放し、「成長を先導する学び」とともに、成長と学びが相互に形成し合う関係をなすという考え方を拠りどころとしたい。(12) それはまた、学びと成長が相互に阻みあってしまう可能性も見通すことでもある。

したがって、大学教育、とりわけ教養教育の学びがアイデンティティ形成にどう作用するのか、学びがエージェンシーへの影響を通じてアイデンティティ形成にどう作用するのか。さらにはどのような学びが変化を生み出す可能性を有しているのか。この問いを見据えつつ、教養知とその学びへと考察を進めていきたい。

5　教養知をめぐる困難を見据えて

教養知の学びを考察する前に、大学教育における教養教育と教養知をめぐる困難を理解しておきたい。

ここで考える大学教育とは日本の大学教育であり、教養教育とは日本の大学教育における教養教育である。日本の大学教育における教養教育は、一般教育という形で、専門教育を主体とする組織に接木するようにして位置づけられてきた歴史がある。(13) その歴史が示すところによれば、市民の育成という理念は、高等教育の大衆化の中で、高等教育機関は社会人になるまでの期間とみなす趨勢に押し流された。総合性という理念も、実質的には、専門教育との関係における専門教育の外部すなわち非専門という意味づけへ押し流された。教養教育は専門準備教育さらにはリメディアル教育という性格づけを押しつけられ、それと拮抗するなかで幅広さに基づく総合性という性格を消極的に持ち得たにとどまる。日本の大学教育と教養教育についての歴史・社会的視点からの診断は、教養、教養知そして教養教育をめぐる困難を教えてくれる。

教養や教養知についての思想史や哲学からの診断は、現状がさらにどこまでも閉塞していることを突きつけている。[14] 知性が知性自体のために磨かれるのであり、その過程こそがリベラルな教養教育だと格調高く述べられたとしても、人は理念の高さに生きるのであり、生きた理念の体系の教授こそ教養教育だと力強く説かれたとしても、[15] 大学とその中核をなす学識が知識の進歩・普及・教育を支柱としていると力を込めて定めてみても、[16] そのような価値や理念自体が虚ろに響くニヒリズムが覆っている。大学では、価値や意味や目的がわからず、無気力になるニヒリズムの常態化が蔓延している。[17]

近代の大学に与えられていた国民文化形成という役割は、グローバル化の進む今日に至り、大学組織に求められなくなっている。統一的理念が求められなくなるとともに、超国家企業体としての大学組織は、空疎なエクセレンスに訴え、エクセレンスを追求し、エクセレンスを評価することに忙しく、大学は廃墟の様相を呈していると評される。[18]

かつて教養とされたものは、間暇なき教養としての「半教養」[19] であるどころか、人格を形づくる契機も精神的な内実の表現も欠いた情報の断片として反教養となっている。[20] その診断によれば、教養の理念は、今や、規範的・統制的な機能を果たすことはない。大学こそが解放を推進するという啓蒙の理念は、大学組織の経済化と企業化とともに、大学組織と国家との緊張関係も大学組織と社会との緊張関係も霧散し、知の彫琢をエリートに限定する反啓蒙のプロジェクトとなって進んでいる。大学と教養に啓蒙の役割や国民文化形成の役割が求められなくなり、かつて教養とされたものの代わりに反教養の断片が残されている状況にあって、もはや精神の広がりはなく、未熟が成熟になるとする啓蒙のその根拠は見当たらない。「理解しようとする意欲の断念」[21] としての反教養がニヒリズムにこだましているという診断を拒むことは難しい。

かつての教養が反教養となり、理解しようとする意欲の断念が覆っているところで、知識の発見・進歩につながる専門知に何らかの希望を求めることはできるだろうか。知識の発見・進歩を追い求める専門知の地平では、際限なくスピードも量も、人間の生のそれをはるかに超えて昂進していく。大学も学問も資本主義と結託して――アカデミック・キャピタリズム[22]――エクセレンスを追い求めるのは、専門知をめぐってに他ならない。専門知をめぐってこそ、知の彫琢をエリートに付託する反啓蒙のプロジェクトの旗が振られている。それはかつての国家との関係で啓蒙を担うエリートとは姿を変えているだろう。反教養に応じて、エリートの位置にいながらかつての意味でのエリートとは様変わりした反エリートと呼ばれることになるかもしれない。

反教養との診断は、知識と社会との関係のあり方に及ぶ[23]。知識社会は、大学組織の改革および教育改革を自己目的化させ、ランキングによる競争に自己投入し、時間や労力の単位を標準化し、知識を侮蔑する知識社会を加速している。知識は尊敬を失い、知識が増殖する一方で、反省的に距離を取る批判的な認識能力は、懐古するしかできない悲観主義としてのみ残存が許されているかのようである。資本主義と知識社会と結託せざるを得ない大学組織に、社会との緊張関係を求めることは難しい。かつて教養とされた知には、国民文化の形成という求心性と成熟を生み出す啓蒙の垂直性がもたらされていたものの、今日に残された反教養の断片に同じ性質を求めることはできないだろう。今や反教養こそが知識社会の表現であり、知識を侮蔑することに向かって加速するのが知識社会なのだと反教養論は診断を突きつけている。

専門知をめぐって、知識の発見・進歩の先に解放ではなく閉塞していく趨勢が見てとられるところで、知識の普及や教育に可能性が残されているのだろうか。専門知の発見・進歩を第一目的とし、その手段として普及・教育があるのであれば、発見・進歩と普及・教育の間に目的―手段という機械的な関係の階層が設けられ、発見・進歩を生み出す研究のための知識の修得という性格が普及や教育に与えられる。しかし、一人の人間の知識の広がりがインターネット空間よりも広くなることはなく、人工知能による機械学習よりも速く機械的に知識を修得することとなどできはしない。理解ではなく、知識の修得を要請してしまうような専門知の階層性は、普遍性に向けた解放ではなく、理解への意欲を断念させる排他的な働きをしてしまうだろう。知識の進歩・発見を優位とする階層性は、知識の発見を突き詰めた先に定まった真理があり、それを鏡のように写しとろうと競争するところからきており、そこに根本的な困難がある。(24)そのような競争に入る限り、日夜更新される知識を資本とするべく管理しようとして繰り広げられているエクセレンスの競争ゲームから抜け出ることは難しい。したがって、教養知が、専門教育の準備としての性格や専門知の研究の手段としての性格に尽きるものだとすれば、教養知に関する教育に何らかの可能性を見通すことは難しい。

かつての国民文化形成や啓蒙を背にした教養でもなく、階層性を引きずる専門知でもないところに、教養知のありかがあるとすれば、どこにあるのか。固定した真理を求めて鏡に映し取るのとは異なるところを探さなくてはならない。定まった真理を鏡のように写しとるゲームに専心するのではなく、階層的な知識の体系へ機械のように自己投入するのでもなく、理解しようとする意欲を生み出し、保つことがいかにしてできるのだろうか。その問いに対し、思考や生き方をめぐる哲学が教えてくれることは、私たち一人ひとりが自分の価値を啓発し、新たな自分へと自らを形成していくという生き方にそのありかを求めることができるということである。(25)

まず、人はその時々に自分なりの仕方で世界を理解しているのであり、広く見渡して整合するように理解をつなぎ合わせながら、自らの思考の仕方を変えていく。「解釈学的循環」(26)と呼ばれるこの理解のあり方は、一人ひとりが自分のその時々の思考から出発して、自らの思考を質的に転換できるという希望を思い出させてくれる。そしてまた、私たちは、自身の価値をめぐっても、今ここの文脈から始めて、どのように考えて価値を選べばより良く生きられるかを考え、その時々の生き方を試していく。そのことは、一人で孤独にするのではなく、異なる他者と共に連帯して実践することができる。それは社会的不正義を問い、自分が何をよしとするかを考え、時には考えを変えることという自分自身を変える自己変容と社会的実践を変えるという解放的な社会変革への可能性を思い出させ

てくれる。(27)

現実には、私たちの理解は固定観念や無意識のバイアスに侵食され、人を傷つける偏見に囚われることも少なくない。気づかぬうちに、自らの思考を固定化させ、社会的不正義に加担してしまったり、他者との連帯を引き裂く実践をしてしまうこともある。自分を変えることほど難しいことはなく、社会変革が不可能であることを経験するほうがよほど多いであろう。

それでもなお、自己変容と社会変革に向けての思考と会話を続けていくことができる。思考は、先に希望として見出されたように、理解の解釈学的循環の流れの中で、質的に転換できるという可能性に開かれている。そしてそれは、異なる思考の流れを生きる他者とともに連帯する中でこそ可能である。そのような連帯は即座に達成されうるものではなく、時に中断したりする可能性も伴いつつ、持続的な交流を続け、その交流の中で会話を続けることで可能性の契機が開かれ、保つことができる。そのような交流も会話もなければ、思考の変化の可能性も、社会的実践の変化の可能性も見出せない。「会話」(28)とは、共に住むことという語源（conversari）に通じ、唯一の真理を目指す目的志向的な手続きを意味するのではなく、異質なものとの共生（conviviality）であり、したがって偶然性と可謬性を伴う生のスタイルによる営みである。(29)会話は、差異を生み出さず、固定的な権威のもと、互いに自律的な複数の主体が知識を機械的に交換するような営みではない。不同意であろうともともに思考し続け、思考と発話と言葉が絡まり合い、思考に耳を傾け合い、多声的（ポリフォニー）な交響によって差異と他者性が生じる営みである。(30)

6　教養知の学び

最後に、教養知のあり方、大学における教養知の学びのあり方へと考察の循環を環流することにしよう。まず、二一世紀に求められる教養知は、かつての国民文化形成を背負った教養ではないし、階層による排除を生み出す知でもなく、理解への意欲を断念させる反教養でもない。教養知は、私たち一人ひとりが自分の価値を啓発し、理解の循環の中で思考を変化させせながら、新たな自分へと自己形成していくような思考と会話の中にある。その思考と会話は、異なる考えの他者との連帯の中にあり、偶然性と可謬性があり、異質なものとの共生、それも多声的な交響に互いに耳を傾け合うような共生とともにある思考と会話である。その中では、わからなさを排除するのではなく、不同意とともに思考を続け、わからなさを抱えあい、受け入れ、可能ならば楽しみ、理解への意欲を喚起し続ける。(31) そのようなゆっくりとした学びの歩みにおいてこそ、激流と形容しうる知識資本主義の直線的で単純化を強いる知識に対抗・抵抗することができる。自身の思考そして己を変えるような学びによって、「わかりやすさ」のもつ危うさに流されないことに教養知の学びの価値がある。そのような教養知があることで、自己変容と社会変革の可能性の契機が開かれる。そのような意味で、教養知は自分と社会を自由にする知だと表現できよう。このような教養知とその学びの姿は、第二部でUnlearning（アンラーニング）として描き出されることとなる。

教養知の学びは、専門知の学びの準備や手段ではなく、反教養へ逢着することなく、自分と社会をつくる学びであり、自分と社会を自由にする学びである。人は、社会規範と向き合って、社会的不正義を問い、社会化の先で、自分が学んできたように個性化された人間になる。(32) 学ぶことで、何を知覚するか、何を考えるか、何をするようになるか、何を想像できるかに変化が生じる。変化が生じるように学ぶことができるということが希望なのである。自己意識的で反省的な営みとしての学ぶことは、人間であることと不可分である。教養知の学びは、機械的な学びではなく、自分と社会を自由にする学びである。

学生の知識との関係での成長として見直せば、自分なりの考えを練り上げていくコミットメントへと続く過程の中でも、コミットメントした先でも、他者とともにポリフォニックに思考と会話を続け、自己形成を続けていくことができる。変化を生み出す思考と会話とともに、エージェンシーの働きとアイデンティティ形成の変化の契機が開かれる。

4節で提起された「どのような学びがアイデンティティ形成に変化を生み出すのか」という問いについては、自己形成・自己変容となる教養知の学びがアイデンティティ形成に変化を生み出すという循環を見出すことになる。そして、「学びがアイデンティティ形成にどう作用するか」という問いについては、実証研究の課題として残しつつ、宙吊りにし、ここでは次のことを確認しておきたい。教養知の学びとなる解放的な思考と会話が場を満たしている時、学びとアイデンティティ形成の区別が溶解し――それは、学びと遊びの境界の溶解でもある[33]――、自分自身の思考の仕方を変えたり、世界との関係での選択を変えるという意味での自己変容となり、何をよしとするかを変え、ともにいる人の思考と会話に耳を傾け合い、社会的実践を変えるという意味での社会変革ともなる。

教養知の学びの場を大学という名で呼ぶのならば、大学は、「熱中できる避難所[34]」となっているだろう。それは、自分と社会を自由にする思考と会話が場に生じ、その思考と会話に熱中できる場である。そこでは、研究者、職員、学生という立場よりも前に、一人の人間としてどうあるかが問われる。立場は教師であることを意味せず、知性の平等とともにある無知の教師が思考と会話を続けるだろう[35]。学び手と教え手はともに、自分自身の人生の詩人となり、社会的実践を変化させる想像力を働かせ、より良い未来をつくるために過去を超えるよう、楽しい知識を交歓する[36]。発見され固定された真理を授ける目的志向的な社会化のための教え込み（インストラクション）は、知それ自体を楽しむ教養知の学びの思考と会話を止めるだろう。研究のタコツボ化による学問分野の分断の壁や知識生産のスピードへの偏執は、教養知の楽しさを阻むだろうし、仕事と社会のための大学組織は教養知の学びの思考と会話を有用性なきものとするだろう[37]。会話の中での知性の平等は、到達点ではなく出発点であり、会話が出来事を生み出し、いまだそこになかった可能性を開き招き入れる時、解放が生まれる。そのような大学は、到来するものの地平に開かれるとともに、すべてを公に言うことができる場であり、条件なき自由の無条件性が出来事を生み出し、思考と会話を触発するところに到来する[38]。

今日の大学は、思考と会話が続き、啓発し、自己形成して自分と社会を自由にする教養知が響き合う場となりえているだろうか。そのようなリベラルな学びの追求とともにある大学をめぐって、七〇年前に記された警鐘は、二一世紀の教養知の学びをめぐっても残響しているように思える。歴史の声に耳を傾けることにしたい。

その学びがこんにちリサーチと呼ばれているものに堕落するなら、その教えが単なる教習《インストラクション》となり学生の全時間を占めてしまうなら、教えられに来た者たちが自分たちの知的な将来を探るのではなく、活力も出ずに消尽するあげく物の役に立つ知的または道徳的な道具一式を提供されることだけを望むということになってしまうなら、つまりは学生が会話の作法を何ら理解することなく、もっぱら生計の維持のための資格や世間での利得に己を役立たせてくれる免状を欲しがるだけになるなら、大学は存在することを止めるであろう。[39]

教養知の学びの思考と会話が聞こえなくなった時、大学は存在することを止めるのではないだろうか。

注

（1）河井亨「大学生の知識との関係における成長についての理論展開」『社会システム研究』第四五号、二〇二二年、一一七―一六〇頁。

（2）ウルリッヒ・ベック ＆ エリーザベト・ベック＝ゲルンスハイム『個人化の社会学』中村好孝・荻野達史・川北稔・工藤宏司・高山龍太郎・吉田竜司・玉本拓郎・有本尚央訳、ミネルヴァ書房、二〇二二年。

（3）五つの標識は、学校から仕事・社会への移行のビッグ・ファイブとも呼ばれる。
Elder, G. H., Shanahan, M. J. & Jennings, J. A. "Human development in time and place." Bornstein, M. H. & Leventhal, T. (Eds.). *Handbook of child psychology and developmental science*, Vol. 4, Hoboken, NJ: Wiley, 2015, pp. 6–54.
Furlong, A. (Ed.). *Routledge Handbook of Youth and Young Adulthood*. New York: Routledge, 2017.
Dimitrova, R. & Wiium, N. *Handbook of positive youth development: Advancing the next generation of research, policy and practice in global contexts*. Cham, Switzerland: Springer, 2021.

（４）Evans, K. & Furlong, A. "Metaphors of youth transitions: Niches, pathways, trajectories or navigations." Bynner, J. Chisholm, L. & Furlong, A. (Eds.). *Youth, citizenship and social change in a European context.* Aldershot: Avebury. 1997, pp. 17-41.

（５）Shanahan, M. J. "Pathways to adulthood in changing societies: Variability and mechanisms in life course perspective." *Annual Review of Sociology,* Vol. 26, No. 1, 2000, pp. 667-692.

（６）Hitlin, S. & Johnson, M. K. "Reconceptualizing agency within the life course: The power of looking ahead." *American Journal of Sociology,* Vol. 120, No. 5, 2015, pp. 1429-1472.

Schoon, I. & Lyons-Amos, M. "A socio-ecological model of agency: The role of structure and agency in shaping education and employment transitions in England." *Journal of Longitudinal and Life course Studies,* Vol. 8, No. 1, 2017, pp. 35-56.

（７）乾彰夫・本田由紀・中村高康編『危機のなかの若者たち――教育とキャリアに関する5年間の追跡調査――』東京大学出版会、二〇一七年。

中原淳・溝上慎一編『活躍する組織人の探究――大学から企業へのトランジション――』東京大学出版会、二〇一四年。

（８）ジェームズ・コテ ＆ チャールズ・レヴァイン『若者のアイデンティティ形成――学校から仕事へのトランジションを切り抜ける――』河井亨・溝上慎一訳、東信堂、二〇二〇年。

（９）Côté, J. E. *Youth Development in Identity Societies: Paradoxes of Purpose.* New York, NY: Routledge, 2019.

溝上慎一「青年期発達とアイデンティティ」梶田叡一・中間玲子・佐藤徳編『現代社会の中の自己・アイデンティティ』金子書房、二〇一六年、二一一―四一頁。

（10）Heinz, W. R. "Structure and agency in transition research." *Journal of Education and Work,* Vol. 22, No. 5, 2009, pp. 391-404.

（11）Kawai, T. & Moran, S. "How do future life perspective and present action work in Japanese youth development?" *Journal of Moral Education.* No. 46, 2017, pp. 323-336.

溝上慎一『大学生白書２０１８――いまの大学教育では学生を変えられない――』東信堂、二〇一八年。

（12）ルイ・ホルツマン『遊ぶヴィゴツキー――生成の心理学へ――』茂呂雄二訳、新曜社、二〇一四年。

レフ・セミョーノヴィチ・ヴィゴツキー『新装版　思考と言語』柴田義松訳、新読書社、二〇〇一年。

(13) 吉田文『大学と教養教育——戦後日本における模索——』岩波書店、二〇一三年。
(14) ジョン・ヘンリー・ニューマン『大学で何を学ぶか』田中秀人訳、大修館書店、一九八三年。
(15) オルテガ・イ・ガセット『大学の使命』井上正訳、玉川大学出版部、一九九六年。
(16) アーネスト・ボイヤー『大学教授職の使命——スカラーシップ再考——』有本章訳、玉川大学出版部、一九九六年。
ヤーロスラフ・ペリカン『大学とは何か』田口孝夫訳、法政大学出版局、一九九七年。
(17) 藤本夕衣『古典を失った大学——近代性の危機と教養の行方——』NTT出版、二〇一二年。
(18) ビル・レディングス『廃墟のなかの大学』青木健・斎藤信平訳、法政大学出版局、二〇〇〇年。
(19) テオドール・W・アドルノ「半教養の理論」テオドール・W・アドルノ & マックス・ホルクハイマー『ゾチオロギカ——フランクフルト学派の社会学論集——』三光長治・市村仁・藤野寛訳、平凡社、二〇一二年、二一〇—二四九頁。
(20) コンラート・パウル・リースマン『反教養の理論——大学改革の錯誤——』斎藤成夫・齋藤直樹訳、法政大学出版局、二〇一七年。
(21) リースマン、同上書、六一頁。
(22) シェイラ・スローター & ゲイリー・ローズ『アカデミック・キャピタリズムとニューエコノミー——市場、国家、高等教育——』成定薫監訳、法政大学出版局、二〇一二年。
(23) リースマン、前掲書、二〇一七年。
(24) リチャード・ローティ『哲学と自然の鏡』野家啓一監訳、産業図書、一九九三年。
(25) 同上書。
冨田恭彦『ローティ——連隊と自己超克の思想——』筑摩書房、二〇一六年。
(26) ハンス・ゲオルグ・ガダマー『真理と方法（I・II・III）』轡田收・巻田悦郎訳、法政大学出版局、二〇一五年。
およびローティ、前掲書、一九九三年。
(27) リチャード・ローティ『連帯と自由の哲学——二元論の幻想を超えて——』冨田恭彦訳、岩波書店、一九九九年。
(28) マイケル・オークショット『増補版　政治における合理主義』嶋津格・森村進・名和田是彦・玉木秀敏・田島正樹・杉田秀一・石山文彦・桂木隆夫・登尾章・川瀬貴之訳、勁草書房、二〇一三年。
(29) 井上達夫『共生の作法』創文社、一九八六年。
野家啓一『増補　科学の解釈学』ちくま学芸文庫、二〇〇七年。

リチャード・ローティ『プラグマティズムの帰結』室井尚・吉岡洋・加藤哲弘・浜日出夫・庁茂訳、ちくま学芸文庫。二〇一四年。

(30) ミハイル・バフチン『マルクス主義と言語哲学——言語学における社会学的方法の基本的問題——』桑野隆訳、未来社、一九八九年。

レディングス、前掲書、二〇〇〇年。

ここでの理念的な考察の展開は、対話型論証という時間をかけてじっくりと対話を積み重ねて、複雑な事柄であっても粘り強く考えていく学びのあり方に実践的な方途を求めることができる。

松下佳代『対話型論証による学びのデザイン——学校で身につけてほしいたった一つのこと——』勁草書房、二〇二一年。

(31) 戸田山和久『教養の書』筑摩書房、二〇二〇年。

(32) マイケル・オークショット & ティモシー・フラー編『リベラルな学びの声』野田裕久・中金聡訳、法政大学出版局、二〇〇八年。

ローティ、前掲書、一九九三年。

(33) 矢野智司『自己変容という物語——生成・贈与・教育——』金子書房、二〇〇〇年。

(34) リチャード・ローティ『アメリカ　未完のプロジェクト——20世紀アメリカにおける左翼思想——』小澤照彦訳、晃洋書房、二〇〇〇年。

藤本、前掲書、二〇一二年。

(35) ジャック・ランシエール『無知な教師——知性の解放について——』梶田裕・堀容子訳、法政大学出版局、二〇一一年。

(36) Rorty, R. "Pragmatism and Romanticism." Rorty, R. *Philosophy as Cultural Politics: Philosophical Papers, Volume 4*, Cambridge: Cambridge University Press, 2007, pp. 105-119.

冨田、前掲書、二〇一六年。

(37) アイゲン・M、ハンス・ゲオルグ・ガダマー、ユルゲン・ハーバーマス、レペーニス・W、リュッベ・H & マイヤー-アビッヒ・M『大学の理念——立場決定の試み——』赤刎弘也訳、玉川大学出版部、一九九三年。

リースマン、前掲書、二〇一七年。

(38) ジャック・デリダ『条件なき大学』西山雄二訳、月曜社、二〇〇八年。

(39) マイケル・オークショット「大学の理念」マイケル・オークショット & ティモシー・フラー編、二〇一八年、一四三頁。

第3章 自分を解放するための知に出合う
——教養知とジェンダー——

柳原　恵

本章では、教養や教養教育におけるジェンダー視点の重要性について考えてみたい。

まず、教養教育が拠って立つ「市民」や「人間」、「知」といった概念がジェンダー化されてきた概念であることを指摘しつつ、ジェンダーの視点は教養教育において重要な視座の一つとなることを論じる。

次に、著者が担当している立命館大学教養科目「ジェンダーとダイバーシティ」（GCクラス）履修者の受講動機の分析から、ジェンダーを主軸とした科目に対して現代の学生が期待することに、「教養としてのジェンダー」があることを論じる。その際、学生が念頭に置く「教養」とは、ビジネスマナーや社会人としての「一般常識」という位相であることも指摘し、同時にその視点が「一般常識」という意味での「教養」概念と、「知」の変革を目指す「教養」概念を架橋する可能性を持つことも述べる。

最後に、一九六〇（昭和三五）年に東北農村部から大学へ進学したある女性の語りから、教養がもたらす新たな「知」との出合いの様相を見てみたい。

1　教養／教養教育におけるジェンダー視点の重要性

（1）ジェンダー概念とは何か

ジェンダー（gender）とは、社会的・文化的に作られた性差を意味する言葉である。元々はインド・ヨーロッパ語族の言語の多くに存在する、名詞の「性」（女性／男性／中性）を指す文法用語であったが、男女平等を求める思想・運動である第二波フェミニズムを経て、一九七〇年代頃から人間の性別に関わる意味で使われ始めた。ジェンダーとは、生物学的・身体的な性差・性別（セックス）とは異なる概念であり、男性や女性という性別のありようを考える際の、新しい認識（ものの見方）を指すために作り出された概念である。例えば「机」や「空」といったモノには「性」はないが、そこに人間が何らかの意味を見出し、恣意的に「性」（スペイン語では机は女性、空は男性など）を付与している。ここから類推する形で、社会的文化的に意味づけられた人間の「性」もまたジェンダーであるとして再定義されたのである。この試みは成功し、第二波フェミニズム以降の文脈では、ジェンダーとは主に社会的、文化的な性差を表すものとして使われている。[1]

社会的、文化的に作られた性差を指すジェンダーとは、自然や本質ではなく、人間の認識（ものの見方や考え方）、つまり知の領域に属する概念である。女性や男性のあり方は生まれつき決まっているわけではなく、男女の役割は、社会や文化、時代によってさまざまである。歴史学者のJ・W・スコットは、その代表作『ジェンダーと歴史学』のなかで、「ジェンダーとは、肉体的差異に意味を付与する知」であり、「性差の社会的組織化」であると説明する。ここでの「知」とは、さまざまな文化や社会が人間と人間との関係（ジェンダーであれば男女の関係）について生み出す理解という意味で、この「知」はつねに相対的なものであり、世界を秩序立て、社会の組織化と不可分なものである。[2]

重要なのは、ジェンダーとは「男女は異なっているが対等であるという区分ではなく、男女の権力関係の非対称性を問題化する概念である」(3)という点だ。ジェンダーがヒトを男女に分け、非対称な形で組織化する「知」である、つまり人間が作り出したものであるならば、性別にまつわるその不公平なあり方も、また人間が変えられる。男性や女性のあり方は「社会的・文化的に構築される」という性質に着目した概念であるジェンダー概念は、性別の不公正を是正するためのツールでもある。

(2) ジェンダー化された教養知

それではこのようなジェンダー概念は、本書のテーマである教養および教養教育とどのように関わるのだろうか。日本における女性学・ジェンダー研究のパイオニアの一人である舘かおるは、「教養教育を〔略〕「知」を通じて人間を形成する教育と捉えるとするならば、その「知」とはどの様な「知」か、「人間とは誰を想定しているのか」を問題にせざるを得ない」(4)と指摘する。「教養」という概念の源流の一つには、古代ギリシアを源流とするリベラルアーツがある。リベラルアーツとは、奴隷制度のある社会のなかで、「人間が奴隷ではなく独立した自由な人格であるために身につけるべき学芸」を意味するが(5)、自由民としての知を身につけ、独立した自由な人格、つまり「市民」になれるのは制度上成人男性のみであり、女性は教養を身につける主体たり得なかった。

西洋史学者の姫岡とし子は、従来の歴史教育において、歴史は性差に無関係な中立的なものとして描かれており、それゆえ生徒たちが人権、市民、労働者、奴隷等のその用語に男女双方が含まれることを自明のこととみなしてしまうと指摘する。(6) 例えば、フランス革命で宣言された「人間と市民の権利の宣言」(人権宣言)」(一七八九年)における「人間の自由・平等」は、ジェンダー的にも階層的にも制約を持つものだった(だからこそ、「人権宣言」に対して、女性劇作家のオランプ・ド・グージュが「女性および女性市民の権利宣言(女権宣言)」(一七九一年)を書かなければならなかった)が、「文字どおりすべての人」だと考えてしまうのだ。

同様の問題は、「日本最初の人権宣言」ともいわれる「水平社宣言」（一九二二年）にもあてはまるだろう。部落女性を研究する宮前千雅子は、「水平社宣言」では「兄弟」に対しての呼びかけはあるが「姉妹」への呼びかけがなく、「祖先」を「男らしき産業的殉教者」として表現するなど、世代を超えて幾重にも部落女性を存在しないかのように扱っていると指摘する。これは単なる表現の問題ではなく、「兄弟」すなわち男性を部落民の基準と公言する行為であり、部落女性を不可視化してしまうものである。(7)ここにはヒトを男女に分類し、男性＝人間一般・無徴、女性＝特殊・有徴として周縁化する、ジェンダーの力学が働いているのである。

また、リベラルアーツを制度化したヨーロッパの知の体系も、ジェンダー視点を大きく欠いていた。(8)近代化の過程でヨーロッパのリベラルアーツを参考に編成された日本の教養をめぐる歴史についても同様である。日本の教養主義は、戦前の旧制高校の伝統をもつ学歴エリート（高等教育受容層）の文化であることは、筒井清忠『日本型教養の運命』等で指摘されているが、戦前の教育システムは男女で明確に区分されていた。女性は高等教育に至るルートから制度的に締め出されており、無徴の「エリート」とはすなわち男性エリートのことであった。

また、何が「教養」であり学ばれるべき「知」なのかという判断基準もまた、ジェンダーでいえば男性、さらに一部のエリート階層に占有されていたものだった。戦後史研究の水溜真由美が指摘するように、教養の内容、重要な人物や著作リストにはジェンダーの偏りが存在しており、今ある教養の中身を絶対化するのではなく、ジェンダーの視点から、さらに階級や人種などの視点から、批判的に捉え直していくことが必要である。(9)この点については本章3節で詳述する。

教養教育が涵養を目指す「知」や「市民」性という概念そのものが特定のジェンダーと強く結びつけられてきた（ジェンダー化されてきた）ことを踏まえると、「二一世紀に生きる地球（世界）市民にふさわしい教養」(10)を目指す際、誰も取り残さない「市民」概念が必要であり、そのときに性別に基づく差異化と序列化を問題とするジェンダーの視点を導入することは欠かせない。その際に、主体も対象も目的も男性という性を「普遍＝人間」とみなし、女性を「他者」として排除することで構築された近代市民社会の「知」を脱構築し、あらたな「知」の創造を目指すジェンダー史(11)をはじめとした、ジェンダー研究の知見は非常に有用である。

(3) 専門知を育てる土壌を「耕す」

ジェンダーの問題は、ともすれば女性の問題と同一視され、家族間の問題や仕事と家庭の両立等、私的な領域に限定された問題だと捉えられがちである。しかし、ジェンダーとはヒトを男性と女性に分類し、権力関係を付与していく差異化の力であり、それは公的な領域も含め、おおよそ人間が関わる領域すべてに作用する。女性が制度的に排除されてきた政治や軍事の領域においては女性の不在そのものがジェンダー分析の対象となりえ、男性もまた、中立的・普遍的な人間ではなく、女性同様にジェンダー化された存在であり、男らしさがどのように構築され、機能しているのかを問われる対象となる。

日本の大学教育のなかでは、ジェンダーに関する科目を扱う学部や学科は人文社会学系学部に偏っており、とくに、理工系学部の場合、教育にジェンダーの視点を導入する例はまだ少ない。例えば、二〇二三年度立命館大学の開講科目のうち「ジェンダー」を冠する専門科目を開講しているのは文系学部（文、法、産業社会、国際関係、総合心理）に限られており、そのほかの学部の学生にとっては教養科目として開講される「ジェンダーとダイバーシティ」（本章2節で詳述）が、ジェンダーの知見にふれるほぼ唯一の機会となっている。しかしながら、理工系など人文社会系以外の学問領域にもジェンダーの視点が導入される必要がある。

例えば都市計画に関しては、地理学者L・カーンが『フェミニスト・シティ』（晶文社、二〇二二年）で論じるように、近代の都市は健常者の成人男性を「標準的人間」とし、その経済活動を優先的に扱っているために、子どもや女性、高齢者にとって移動しにくく、より危険な空間となっているが、フェミニズムの視点を建築や都市設計に活かすことで、多くの人々がより住みやすい空間になる。また、ジャーナリストのC・クリアド＝ペレスによる『存在しない女たち』（河出書房新社、二〇二〇年）では、研究開発の現場で前提とされている男性＝普遍的という推測が、いかに女性にとってのリスクを生じさせるかが紹介される。例えば、男性を「標準人」と見なし、男性対象の研究データが女性にも当てはまるかのように使用されることで、女性労働者にとっては安全ではない放射線量や化学物質の暴露に関する安全基準が作られてしまう。また、自動車事故では男性よりも女性が中等傷から重傷を負う確率も死亡率も高いが、これは車が平均的な男性の身体を「標準」として設計開発されていることと関連する。少なくとも古代ギリシアまで遡る、男性の身体を普遍的な人間と見なす考え方が、現代の女性にとってリスクをもたらしているのである。また、昨今注目されるＡＩについてもそのアルゴリズムが社会のジェンダー・バイアスを反映していることも指摘されている。

人間社会の諸問題とはおおよそ関わりのないように思われる基礎科学の現場にも、ジェンダーの影響が潜んでいる。天文学研究者らの調査によれば、アルマ望遠鏡（チリ）を使用するための観測提案において、男性研究者による提案は、女性研究者の提案に比べて優位に採用され、観測を実現できる傾向が見られた[12]。その後、観測提案の匿名化が行われた結果、ジェンダーによる採択率の差は見られなくなった[13]。

科学史研究者Ｌ・シービンガーが提唱したジェンダード・イノベーションという概念は、生物学的性差（セックス）、ジェンダー、そして交差性《インターセクショナリティ》（ジェンダー、セクシャリティ、エスニシティ、階層、障がいの有無など、多様な差異が交差することで、複雑な差別的状況を生み出す様相）の視点からの分析が、イノベーションと科学的発見のために重要であることを強調する[14]。ジェンダー・バイアスに自覚的になり、その影響を回避することは、女性やマイノリティの人々への利益のみならず、よりよい技術開発、そして人類の知のさらなる発展へともつながるのである。専門科目においてはジェンダーの視点を学ぶことがほとんどない専攻分野の学生にとって、新しい知見やイノベーション、新たな研究の方向性を生み出す土壌を耕すための教養教育の段階で、ジェンダー視点を学ぶことは非常に重要になる。

2　現代の学生が考える教養知としてのジェンダー
――立命館大学教養科目「ジェンダーとダイバーシティ（GC）」受講動機から――

（1）立命館大学教養科目「ジェンダーとダイバーシティ」

ここまで、教養および教養科目におけるジェンダーの視点の重要性について述べてきた。それでは、現代の大学生は教養教育の一環としてジェンダーの視点を学ぶことに、どのような意味づけをしているのだろうか。

筆者は二〇二〇年度より、立命館大学教養科目「ジェンダーとダイバーシティ（旧科目名「ジェンダー論」）（GCクラス）」を担当している。立命館大学の教養教育は、「専門教育と往還しながら自らの専門性を相対化し、物事を総合的に捉える視野を身につけ、人生の指針となる知性と知恵、価値観、考え方を涵養し、主体的かつ自律的な思考や行動、ならびに他者との対話や協働ができる力の育成」を理念とし、多様な科目を六つの「科目群」として展開している。「ジェンダーとダイバーシティ」は「学生自らが立命館大学で学ぶ意義を理解し、未来を描き、未来を創る人間への成長に向けて、その礎を築くための科目群」である「立命館科目」群に属している。

「ジェンダーとダイバーシティ」は三キャンパスで九クラス（定員二七〇〇名）が開講されている。筆者が担当するGCクラスは、衣笠キャンパスに属する法学部、文学部、産業社会学部、映像学部の四つの文系学部の学生が対象となるクラスである。毎年度、第一回授業のコメントペーパーでは、「この授業の受講動機や学びたいことなどを自由に記入してください」（二〇年度のみ、「本授業の受講動機や学びたいことなどを記入し、提出してください。オンライン授業の方法についての希望や、配慮してほしいことなどもあれば教えてください」）という質問文に対して、自由記述の形で提出してもらっている。四年度分、計九四五件の回答をもとに、計量テキスト分析ツールであるKHコーダーを用いて共起ネットワークを作成したのが**図3-1**である。共起ネットワークとはよく一緒に使われている語同士を線で結んだネットワークであり、線で繋がった語のグループを見ると、文章中の主な話題を読み取ることができる(15)。

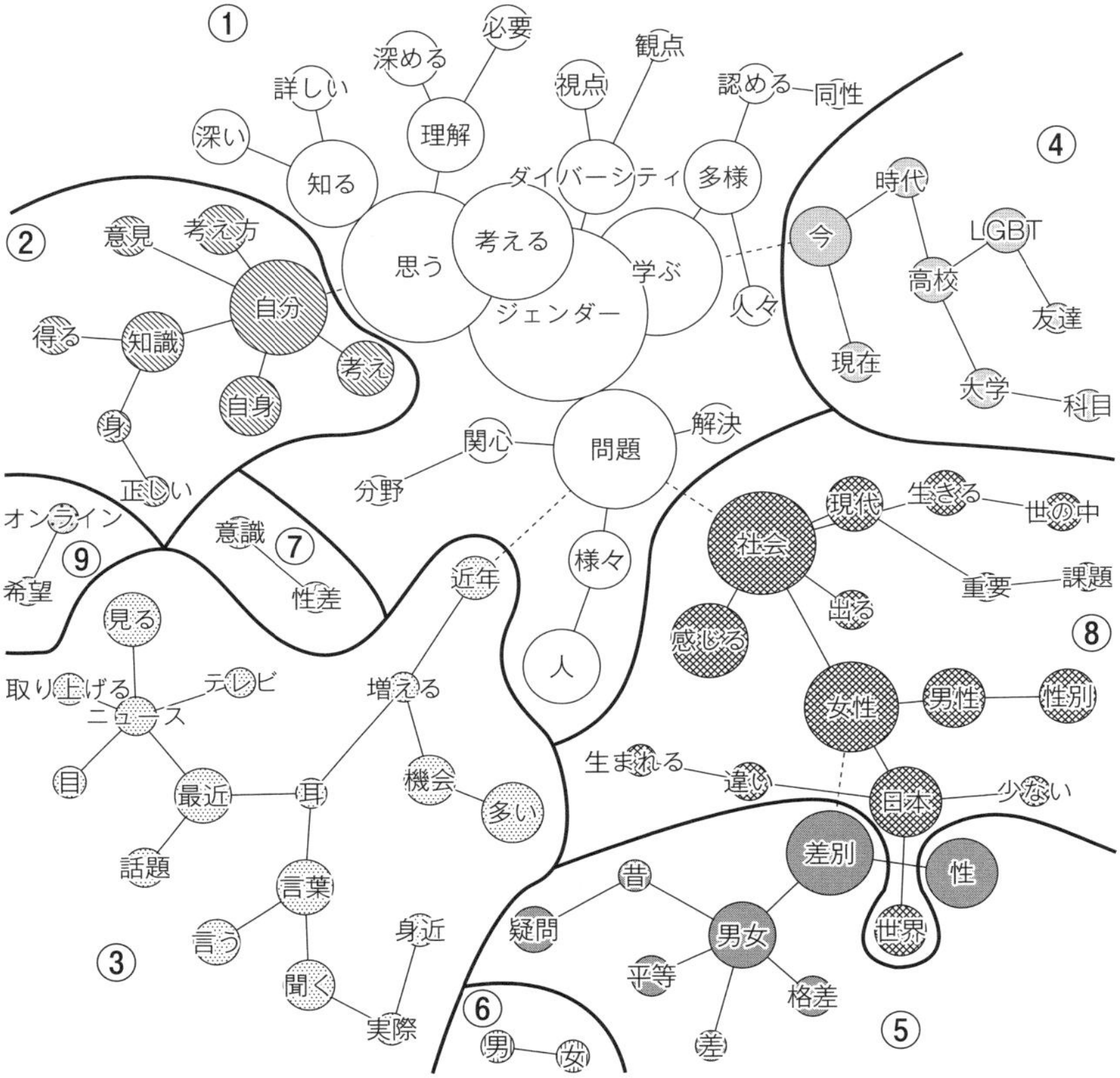

図 3-1　受講動機の共起ネットワーク

まず、①および②のグループには、当授業のメインテーマである「ジェンダー」および「ダイバーシティ」という語が多く集まっている。「ジェンダー」および「ダイバーシティ」に関する「知識」を得て、「さまざま」な「問題」への「理解」を深めたいという記述が多い。具体的な動機としては、「多様化する社会に自分自身も幅広い視点から物事を考えられるようになりたい」（法・二〇二〇）、「今世界にあるさまざまな問題に対しジェンダーの場面から考えることで意識を変え、解決する問題もあると思う」（法・二〇二〇）などがある。

③の部分は、「テレビ」や「ニュース」のようなメディアの中で、ジェンダーやダイバーシティに関

する「話題」や「言葉」を「耳」にする「機会」が「多」くなったというコメント群である。具体的には、「最近、女性蔑視発言などが社会問題としてよくニュースで取り入れられているのを見て、社会に出る前にジェンダーに関する知識などを再確認して理解を深めておきたいと思った」（法・二〇二一）などがある。

さらに、④の部分からは、「高校時代」にすでにジェンダーとダイバーシティに関するテーマを学習したことにより関心を持ったということや、「LGBT」の「友人」がいるために関心を持ったという記述が多かったことがうかがえる。実際のコメントとしては、「高校の授業で性的マイノリティを一度扱った経験があり、多様性への無知を感じ、より学ぶべきと感じた」（産業社会・二〇二〇）、「私の周りにマイノリティーであるLGBTQの友達が多くいるため、彼ら自身と今後も友達として関わっていくうえでそれらの知識を教養として身につけておこうと思った」（文・二〇二三）などである。

⑤、⑥、⑦の部分からは、「性差」に関する意識や表現について、また、男女平等や男女格差、女性差別についての関心が記載される。「ジェンダー教育によって、適切な配慮や言動を身に着けたいと考えている。男性として何ができるのか、性差を超えて協力できるようになるプロセスを考えたい」（法・二〇二一）、「志望動機としてあげられるのは、男性・女性と性別によって分けられている中で差別や格差をこれからの日本の社会の中でどうしていくべきか考えたいと思った」（文・二〇二〇）といったコメントがある。

⑧は、ジェンダーやダイバーシティに関する知識を、「社会」へ「出」た時のために、「現代社会」を「生きる」ために必要な学びとして捉えている群と言えよう。「今の時代、社会に出た際にジェンダーに関する知識を備えておくことは必要なのではないかとも考える」（文・二〇二〇）、「この時代に生きる地球市民として、ジェンダーについての正しい知識や考え方を身につけたいと考えた」（法・二〇二二）、「男女の違いについて労働以外からの視点でも学びたい。そして、多様性を尊重できるような社会人としての素質を身につけたい」（法・二〇二一）などがある。

そのほか、大学卒業後の職業として、教師、社会福祉士、法曹関係、メディア関係の専門職を目指しており、ジェンダーに関する知識を仕事に役立てたいというコメントもある。なお、⑨のグループにはコロナ禍におけるオンライン授業に対する希望が記述されている。

以上より、当科目の受講動機から、学生たちは、日常生活で接するメディアの情報や高校までの学習をふまえ、ジェンダーとダイバーシティに関する問題が重要な社会問題であるという認識を持ち、また、ジェンダーに関する基礎知識を大学時代に身につけておくことが必要とされていると考えていることが分かる。学生たちは、社会に出る前に必要な「知識」「素養」「常識」、つまり広い意味での「教養」として、ジェンダーに関する知識を身につけることを当科目に対して期待しているということが読み取れるだろう。

（2）「一般常識」と「学術知」を架橋する

「ジェンダーとダイバーシティ」という教養科目を、社会に出る前に知っておきたい「常識」を身につける機会として捉える視点は、当該授業の受講生に限定される傾向というよりは、より一般的な現代社会全体の傾向とも言えるだろう。「教養」とは、知性をどのような領域、あるいはレベルで考えるのかについてのそれぞれの人のイメージを反映した歴史的な変遷が折り畳まれた語であり、さまざまな意味内容を含んでいるが、今日では「常識」、つまり最低限知っておくべきものという意味合いにもなっている。[16] ジェンダー、教養、そしてビジネスの関係性については、近年ビジネス書として出版された治部れんげ『炎上しない企業情報発信――ジェンダーはビジネスの新教養である――』（日本経済新聞出版社、二〇一八年）や、瀬地山角・中村圭『ジェンダーがよくわかる本――多様性の時代のリテラシー――』（秀和システム、二〇二二年）の二冊のスタンスが象徴的である。これらの本のサブタイトルにおける「教養」や「リテラシー」とは、現代ビジネスパーソンの必須知識、という意味合いである。ジャーナリストであり東京工業大学リベラルアーツ研究教育院教員でもある治部は、「〝ジェンダー〟はビジネスパーソン必須の教養である」と主張する。[17] また、東京大学教養部で長く「ジェンダー論」講座を教える瀬地山は、「ジェンダーは現代の必修科目」であり、「これから社会人になる人にも最低限の常識として知っておいてほしいこと」を本書にまとめたと述べる[18]。

昨今は、「教養」をタイトルに冠した一般書籍が多数出版されており、一種の「教養ブーム」の時代と言えるだろう。この教養ブームの特徴は、教養がビジネスと強く結び付けられていることである[19]。かつては教養とは、古今東西の文学・宗教・哲学などの幅広い読書を通じて、普遍的な文化の担い手として、自己の人格を高めていくことを指してきたが、前節で見た学生が求めているジェンダーに関する知識とは、ビジネスと結びついた役立つ知識の一つとしてもあるようだ[20]。つまり、「社会人」（ビジネスパーソン）にとって役立つ知識としての「マナー」や「一般常識」といった言葉と互換性のある水準での「教養」である。就職に備える時期としての大学生が備えるべき一般常識として、ジェンダーの知識が「必修科目」として仲間入りしているのだ。

一方で、「知」を変革してきたジェンダーの視点は、職場でうまくやっていくためのビジネスマナーや処世術という水準とは異なるものでもある。だが、実は教養教育におけるジェンダーの視点は、この一般常識という意味での「教養」と、「知」やパラダイムの変革へ踏み込み、自由になるための「知」としての「教養」の、両者を架橋するものにもなりうるのではないかと私は考えている。現代の学生が「社会」へ出る前の「教養」としてジェンダーの問題を重視していることには、社会をより公正な場所へと変革する、前向きな可能性が見える。学生たちが「一般常識」として身につけたいと考えるジェンダーの視点とは、その実、この社会で生きる私たちが、物心ついた頃からはじまる社会化＝ジェンダー化の過程で常識として身につけてきた、性差に関する認識（ものの見方、考え方）、つまり「知」を転換することでもあるからだ。

「個人的なことは政治的なことである」とは、女性差別の撤廃とジェンダーの平等を求めた第二波フェミニズムのなかで生まれたテーゼである。個人的な悩みや苦しみ、また、個人的な対人関係の問題と思われてきたことが、ジェンダーの問題、つまり社会的な問題、権力関係の問題とつながっているという認識を促す言葉だ。例えばフェミニズムと女性学が「DV」、「セクシャルハラスメント」、「性暴力」という言葉を生み出し、それが人口に膾炙したことで、かつては「犬も食わない夫婦げんか」だったものが「家庭内で発生する暴力」である、職場の「潤滑油」として見なされてきた女性社員に性的な話題を投げかける行為が「ハラスメント（嫌がらせ）」である、児童の性的部位への「いたずら」が「性的な暴力」である、というように認識が転換した。これにより、多くの人々にとってより生きやすい、過ごしやすい社会につながっていることは疑いようがないだろう。ジェンダーの視点がビジネスパーソンの必須科目として「常識」になることは、よりジェンダー平等な世界へこの社会を変えていくという政治性へとつながっている。

3　新しい教養知に出合う
——ある女性の語りから——

（1）「知的な世界」への憧れと挫折

最後に、教養とジェンダーというテーマについて、筆者の研究している地域女性史に引きつけ、少々別の角度から考えてみたい。取り上げるのは、女性たちの読書会である麗《うら》ら舎《しゃ》読書会（岩手県北上市）を拠点とし、『まつを媼——百年を生きる力——』（草思社、二〇〇一年）、『さつよ媼——おらの一生、貧乏と辛抱——』（同二〇〇六年）などの東北の農婦の聞き書きに取り組んだ文筆家・石川純子（二〇〇八年没）である。石川はジェンダーの視点を強く持ち、周縁化されてきた農村女性の知と経験に耳を傾けようとした自覚的フェミニストでもあった。

石川純子は一九四二（昭和一七）年、宮城県登米《とめ》郡迫町《はさまちょう》佐沼《さぬま》（現・登米市）に生まれ、横須賀での生活を経て迫村へ疎開する。潜水艦の通信兵だった父は戦死し、敗戦後は「戦争未亡人」となった母が行商で生計を立てた。

教育熱心であった母は、石川が小学校に入学すると学習雑誌を取り、小学校の中学年頃には弟とともに「夜学〔塾〕」に通うことになった。母親が当時の「農村のインテリゲンチャ」である小学校の女性教諭に依頼したのだった。小学五年になると、母は「やっぱ今から英語やってないと大学さ入るの大変だから」などと言い、当時珍しかった英語塾を見つけてきた。石川は「ドンブク〔綿入れ〕」を着て、弟とともに街の英語塾まで通ったという。

石川：つまりあの人〔母〕は、信念があって。〔略〕何にもないからね、犬にぶつける石っくれもない様な、何にもないからね。結局教育で、この子たちを世のなかに出すには教育、身体に何かつけてやるしかないと思ったんじゃないの（二〇〇七年に実施したインタビューより。補足および強調を示す傍線は引用者。以下同様）。

幼い頃から弟とも分け隔てなく教育された石川はごく自然に大学進学を目指すことになる。石川は進路として教育学部を選んだことについて、教員免許を取得できる「安全弁」だったことをあげるが、当時の石川が進学にあたって第一に求めていたものは、そうした資格の類ではなかった。

石川：じゃあ私はね、大学入って何になるかつのもよく分からなかったけども、でもやっぱ大学に入ったら何か新しい世界がね。あの、母の家が、おばあさんが集まって、農婦のね、たまり場みたいになってたでしょ。そこでのお話だの、まぁ巷の人のを見てるとさ、とくとヤんたくなってた〔すっかり嫌になってた〕からさぁ（笑）。せめてね、そういうところを壊していけるとすれば、やっぱ大学ってとこ行ったらば、そういうとこでない何かかね、知的な世界が広がって（二〇〇七年）。

一九五〇（昭和二五）年頃より、石川の母は自宅を改装して石川商店という小さな衣料品店を営んでいた。そこは主要な客である近隣の農婦たちの「たまり場」になっていた。実は、青年期の石川の目には、そのような農婦たちの姿は「知」や「教養」とはかけ離れたものとして映り、疎ましく感じられていた。県立佐沼高校を卒業後、農婦たちの住む農村とは違う、「知的な世界が広がって」いるだろう大学への漠然とした憧れを抱きながら、一九六一（昭和三六）年、東北大学教育学部に進学する。

（2）自分自身を解放するための「知」に出合う

そこで石川が直面したのは、「野山にいたウサギ」が、「とんでもない人間の世界に入ったような違和感」であった。

石川：あの人たち〔大学生たち〕の使う言語が、ぜんっぜん私にはね、違和感だったの。「貧困とは何か」っていってても、大体、貧乏って言葉は言うけど、貧困って言葉は言わないからねぇ。〔略〕それからマルクスだのエンゲルスだの読んだから、その辺りね、ま、勉強しなきゃなくて。ところが悲しい事にね、どんなにそういう本を読んでも、私には蓄積ならないのよ、入って来ないの。〔略〕ね、で、それぐらいの違和感なの。で、これは何だろうと。〔略〕もう高校時代からそういう本読んで、そういう政治的なね、混沌の中に揉まれてきた人たちの言葉ね。ま、簡単に言えば学生用語のね、空疎な、あの決まった教条主義的な言葉って言ってしまえばいいけど、だけども、あたしはそういう中にいるんだから、そういう言葉を蓄積させて、あたしもそういう人たちのようになりたいわけよ。ならないと、一緒に歩めないじゃないですか。〔略〕私はね、もうね、ウサギが人間界の中、高等な人間界の中に入ってしまったみたいにね、とっても分からなくて辛くて（二〇〇七年）。

石川は、大学入学後の自分自身を「野山のウサギ」に喩え、身の置き場のない状況を表現する。この状況は、教養主義文化圏のエリート層の大学生の文化圏と、石川の育った農村のそれとの乖離を表現していると読み解くこともできよう。端的に言えば、石川が憧れ、そして拒絶された「知的な世界」とは、戦前の旧制高校の伝統をくむ教養主義的男性エリートたちの世界であった。歴史社会学者の筒井清忠は、高等教育就学者が一割代までの時代では、旧制帝大や旧制ナンバースクール系の高等教育機関の学生文化から発せられる教養主義の文化的影響力が極めて強く、高等教育機関で教養主義文化圏に初めて参入した大衆文化圏出身の学生は、それまで親しんでいた文化圏との断絶感と孤立感を覚え、それが高等教育機関における教養主義の圧力をいっそう強化していたと指摘する。(21)このような戦後まもない時代の大学生の置かれた状況は、石川のケースにも当てはまるだろう。

重要なのは、この教養主義文化圏は男性の文化圏でもあったことである。戦前の高等教育は、制度上男性に占有されていた。多くの教養主義研究のなかで、旧制高校、旧制大学の「学生」たちは無徴化されているが、その実「男子」という形容詞がつくのである。ジェンダーの視点から見ると、戦後の教育改革によって、ようやく高等教育の門が女子に開かれたが、ジェンダー間で大学進学率に大きな乖離がある状態に注意を払う必要がある。(22)石川が大学に入学した昭和三六（一九六一）年の大学進学率は、男子一五・四％に対して、女子は三・〇％である。石川が生まれ育った東北の農村部では大学進学率はさらに低いことが推測される。

石川は、生まれ育った「農婦」の世界ではない、エリート文化＝教養主義の世界に、旧帝大・東北大学ではじめて接することになる。それは学生運動が盛んであった時代背景とも混淆し、石川に独特のプレッシャーを与えた。

——君にとって一体女とは何なのかね。

——女とは?!

わたしにとって女とは、〔略〕戦争未亡人の母のかなしみであり、また、連日のように嫁姑いさかいを続ける隣のばん〔婆〕ちゃんと春代さんにたぎる同志討ちのようなむなしさであった。

わたしはそれを語ろうとうろうろし、はてはことばにならぬ前に涙ぐんだりした。しかし問うた者は〈ことば〉を要求する。それも実感などからはるかに離脱した抽象界で整理された〈ことば〉を。あんまり重くて絶句していようなどとはおそらく問う者の頭にはないのであろう。だから話はこうも展開する。

――いや、僕の聞きたかったのは、君の価値基準がどこにあるかってことだったんだ。〔略〕

――問題は、二つの階級のどの立場に立つかってことだと思うんだがね。〔略〕

〔略〕君が今の自分、つまり女から自由になりたければ、その必然性を洞察することだな。(23)

石川は、エリート主義的な教養主義の伝統に学生運動の政治性のなかで、「抽象界で整理された〈ことば〉」を身につけようとし、「女よりも人間として生きたい(24)」と、もがきながら学生時代を送った。

石川：で、例えばね、それはさ、「おまえは論理的じゃない」とかさ、女の人はよく言われるけどね、「バカだ」とかさ、なかなか理解が出来ないとか、そういうのは色んな形で浴びせられるし聞くし、特に政治的な集団ってのはね、自己批判とかそういうの厳しいからね、そういう中で、ウサギである自分は、そういう言語圏の中でね、まるでウサギみたいなね、間違って入ってしまったようなのがとにかく弾かれて、ウサギ自身が持ってる言葉すらも無くしてくのよ。そんで、自分の言葉さえも失ってしまったような時期があったのね、何もしゃべりたくないと。んで言葉を失うってのはね、これはね、なんつうかな、存在を失うことだね（二〇〇八年）。

後に石川は、妊娠と出産という身体経験を契機(25)として、「ウサギ自身が持ってる言葉すらなくしていく」学生時代の体験を次のように意味づけ直す。自分の「根っこ」は、かつて自分が否定し、抜け出そうとしていた、母の商店に集っていた〝無教養な「東北の農婦」〟であった。それにも関わらず「農婦」のあり様を否定し、「知的な世界」で「男に似せて自分を作ろうとして」いたために、「自分の言葉」、「存在を失った」のだ、と。そしてその認識は自分自身を「自由」にしたと石川は語る。

石川：（大学時代の経験は）農婦がね、〔略〕男の性で統括された世界っつうのかな、近代的知性に、ぶつかって跳ね飛ばされた、そういう場面だったと（解釈できた）。それで、だけども出産で、そうして跳ねとばされた場面であったと認識できたときに初めてね、自分がウサギみたいだったのがね、そうじゃなくて、農婦は農婦の、歴然としたね、〔略〕あっちの言語界とは違った言語圏を、私は持ってると、農婦は農婦でちゃんと持ってるんだってこと。その発見って言うのはね、すんごく私を解放したね。私は何にもないと思ってたの。近代的な知性って言うのかな、そういうのに憧れてたんだから。そういうのを見繕ってそういう人たちになりたいと思ってたんから。そういうのが、いわゆる知的なインテリなんでしょうがね。

〔略〕だけども、憧れてた近代的知性って言うのかな、そう言うのに跳ねとばされて〔略〕跳ねとばされたままだったらさ、負けてしまうんだけども、ああそう（自分は農婦）だなあってしみじみと認識できたときに、自分の中に、農婦は農婦としての、ものすごい言語圏があって。〔略〕気がついたときの、快さね、一種の発見みたいな快さで、すごく私は自由になったなぁ。〔略〕母語って言うのかな、ああ、私にも母語があるって言う快さなぁ。まあ言葉を再獲得したみたいなところがあるわけだな（二〇〇八年）。

大学時代、石川は、教養ある「人間（man）」（男性が普遍化された人間）に同一化しきれないために、自身は非‐人間（ウサギ）的な存在であると苦しんだ。しかし自分はウサギではなく、確かに「知」と「言語」を持った、女性（農婦）であり、「man」でなくとも「人間」なのだ、と認識を新たにする。農婦たちの生活語である「方言」は、明治期、近代国民国家形成のために「標準語」や「国語」と並び作られた概念である。「標準」として採用されたのは東京の教育のある中流社会の男性の言葉であった。(26) 標準語は、事実上の教授言語（教育において教師が使用する言語）でもある。東北の農婦の言葉は、近代化の過程において、ジェンダー、地域性、社会階層の点でいくえにも周縁化されてきた。それをオルタナティブな「言語圏」として「発見」した石川の視点は、「農婦」の言葉を再評価し、聞き取り、書き残しと聞き書きという実践へと展開していった。この解放は、まさに新しい物の見方を獲得することであり、「自由になるための知（liberal arts）」との出合いであった。

近代化とは女性が有してきた「知」が簒奪され、「専門知」に置き換わっていった過程でもある。(27) 石川は、近代は女たちが伝承してきた知恵を断絶させたという視座から、「農婦」である「祖母」達が保持している「思想」を「発見」する。

「余った乳は川さ流せ。〔略〕この位甘くて、滋養《ずよう》あるもの、もつたね、雑魚《ざつこ》さでも食《か》せろ。なんぼでも川の水さ栄養つげだら、魚をおがる（大きくなる）のいいべしな」と。

祖母は、赤子も乳も天から授けられるものだもの、それを大事にして、それでも余ったら、他のいのちたちにも飲ませてやれと語っているのでした。〔略〕これは九人もの子を自分の乳だけで育て上げた祖母の体験から生まれた、祖母自身の「思想」なのだと思ったのです。「思想」などというものはいつも遠くからやってくるもの、金ピカの本の中にあるものなどと思っていましたから、こんなにあっさりと「思想」が語られることに驚いていたのでした。わたしは今、乳房を瞳《め》にすることで見えてきた、この「思想」なるものをじっと見つめています（補足・ルビ原文）。(28)

石川は近代化の過程で「知」の枠組みから排除された農婦の世界観を、豊かな「思想」の一つとして再評価するのである。この視点は、石川がのちに農民文化賞受賞（二〇〇五年）というかたちで評価されることになる、農婦たちの聞き書きを支えるスタンスとなっている。

戦後民主化によって教育制度が改革され、学歴エリートの男性に占有されてきた「知」や「教養」も、制度上は女性に解放された。しかし同時に、女性にも「教養」を解放することだけでなく、「教養」とみなされていた知、それ自体の価値基準も再考されなければならない。もちろん、これまで蓄積されてきた教養知が不要と言いたいわけではない。既存の教養知を批判的に捉え、乗り越えるためには、やはり既存の教養知を学ぶことが必要である。石川は、自分のアイデンティティが「東北の農婦」にあることを「発見」し、言葉を取り戻すが、それは既存の知を学び、挫折する過程を経たから成し得たことでもある。石川にとって農婦の聞き書きは、旧帝大で身につけた既存の「教養」を学び去り《アンラーン》、知的世界から周縁化された言葉、「金ピカの本の中」にはない「思想」を見つけ、まさに自分自身を解放するための「知」、新しい「教養」を生み出す実践であった。

石川が大学卒業後、人生経験を通じて思索を深めていったように、自らを耕すための学びは、大学の初年次で終わるものではない。生涯を通じて、人生の段階ごとに直面する悩みや問題と格闘し、乗り越えていくために、折に触れて必要となる「知」の土壌が教養知である。従来型の教養知を身につけながらも、その枠にとどまらず、既存の知を糧として新たな知の領域を切り拓く力が求められている。

人生を実り豊かなものにするため、自分の世界を耕していくこと、世界の見方・考え方を深化させていくための基礎体力をつける手がかりを与えること。これが教養教育の目指すところである。その際に、ジェンダーの視点が一つの重要なツールになるだろう。

注

（1）　竹村和子「ジェンダー」『岩波女性学事典』岩波書店、二〇〇二年、一六三頁。

（2）J・W・スコット『ジェンダーと歴史学』平凡社、二〇二二年、二九―三一頁。

（3）萩原なつ子「はじめに」萩原なつ子監修・萩原ゼミ博士の会著・森田系太郎編『ジェンダー研究と社会デザインの現在』二〇二二年、一頁。

（4）舘かおる「大学における教養教育とジェンダー」『教育学研究』第六六巻第四号、一九九九年、二八頁。

（5）藤垣裕子・柳川範之『東大教授が考えるあたらしい教養』幻冬舎、二〇一九年、二六―二七頁。

（6）姫岡とし子「教養教育とジェンダー史」『学術の動向』日本学術協力財団、第一九巻第五号、二〇一四年、九―一〇頁。

（7）宮前千雅子「ジェンダーの視点から水平運動を問う」『部落解放』第八二二号、二〇二二年、二七―二八頁。

（8）井野瀬久美恵「表紙の画」『学術の動向』第一九巻第五号、二〇一四年、三頁。

（9）水溜真由美「公開シンポジウム「教養とジェンダー」コメント」『応用倫理』第一〇号別冊、二〇一八年、三〇―三三頁。

（10）本書「まえがき」より。

（11）久留島典子他編『歴史を読み替える　ジェンダーから見た日本史』大月書店、二〇一五年、一一頁。

（12）Lonsdale, C.J. et al. Gender-Related Systematics in the NRAO and ALMA Proposal Review Processes, 2016, arXiv e-prints, arXiv:1611.04795.

（13）Carpenter, J. et al. Update on the Systematics in the ALMA Proposal Review Process After Cycle 8. *Publications of the Astronomical Society of the Pacific*. Vol. 134, Issue 1034, 2022, id.045001.

（14）スタンフォード大学ジェンダード・イノベーションズ〈http://genderedinnovations.stanford.edu/what-is-gendered-innovations.html〉二〇二三年九月三〇日取得。

（15）樋口耕一他著『動かして学ぶ！　はじめてのテキストマイニング』ナカニシヤ出版、二〇二二年、三九頁。

（16）小平麻衣子『夢見る教養』河出書房新社、二〇一六年、九頁。

（17）治部れんげ『炎上しない企業情報発信　ジェンダーはビジネスの新教養である』日本経済新聞社、二〇一八年、七頁。

（18）瀬地山角・中村圭『ジェンダーがよくわかる本――多様性の時代のリテラシー――』秀和システム、二〇二二年、三頁。

（19）レジー『ファスト教養』集英社、二〇二二年。

（20）小平、前掲書、二〇一六年。

（21）筒井清忠『日本型教養の運命』岩波書店、二〇〇九年、一二七―一二八頁。

（22）武庫川女子大学教育研究所『女子大学統計・大学基礎統計』二〇二二年一二月〈http://kyoken.mukogawa-u.ac.jp/statistics/〉

二〇二三年九月三〇日取得。
(23) 石川純子『個人誌No．二　垂乳根の里便り』自費出版、一九七五年、八一頁。
(24) 石川純子『個人誌No．一　けものたちはふるさとをめざす――孕み・出産の記録――』自費出版、一九七一年、三九―四〇頁。
(25) 妊娠出産をめぐる石川の思索について、詳細は拙著『〈化外〉のフェミニズム』ドメス出版、二〇一八年参照。
(26) 中村桃子『「女ことば」はつくられる』ひつじ書房、二〇〇七年。
(27) 例えば、フェミニスト活動家であり学者でもあるS・フェデリーチは、『キャリバンと魔女』（以文社、二〇一七年）で、科学の発展と近代医療の整備の過程で、女性の伝承してきた避妊や中絶の技術は魔術と見なされるようになり、産婆は魔女として虐殺され、女性の持つハーブや治療法の経験知という歴史的遺産が奪われてきたことを詳述する。
(28) 石川、前掲書、一九七五年、六〇―六一頁。

第4章　大学における教養教育の課題についての経験的考察
――歴史学からの模索――

小関素明

1　大学における教養教育に求められるもの

（1）受講生の感性を奮わせる教育を

1．根源を見すえる学知の迫力を伝える重要性

そもそも教養とは何なのかというのは難問である。何かを読めば、解答が見つかるというようなものではない。私は各分野の研究者がそれぞれの領域で当該の学問は何を主題化し、それを解き明かす模索をどのようにくり返してきたのかを分かりやすく伝える工夫をする以外にはないと考えている。それを魅力的に伝えることが、教養教育の真価といえるのではなかろうか。

その点を踏まえた上で、私は、以下の三点が重要と考えている。第一には、教養教育は決して当該分野の予備知識の伝授や学説のマッピングであってはならないということである。

第二には、教養教育を論じた舶来の議論（例えばリベラルアーツ論）の機械的借用ではなく、当該分野は何を重要な課題とし、それをどのように解こうとしてきたのか、その特色や意義をどう考えているのかを分野外の研究者・学生に明快に伝達できるような緊迫した自立的学知を目指すべきであるということである。端的にいって、教養教育

を論じる担当者が、外国のリベラルアーツ論などを借用して得々と話している様子を見ると途端にその場の緊迫感が減退する。受講生たちも退屈を持てあましている空気が教室に充満する。担当者はそれらに依拠せず、自身の分野において、経験に照らして教養として重要と確信することを話すべきである。

第三には、政治的・社会的立場性の相違、見解の多様性に回収されない根源的思考の提示のようなものが絶対に必要であると考えている。これは価値観の多様性、多文化主義をもてはやす今日の風潮に反するように響くかも知れない。だが、各人ごとにものの見方が多様であり、多様な文化があるのはある意味当然であり、その当然きわまりないことを伝えてもあまり迫力のある議論にはならない。立場や価値観を越えた真理などないのだということを前提に学生に向き合っても、学生に学問の知的興奮と緊張感は伝わらない。「価値観や立場は違えども、この点は認めざるを得ないだろう」という次元の議論を提示して学生を知的な興奮に誘えるような教育を目指すべきである。しばしば価値観の多様性という成句は、それを越えた真理の探究を断念する言い訳に利用されている感が否めない。

2．聴き手の感性に刺さる工夫を

ただ、こういうことは理屈だけで伝えようとしても無理がある。いわゆる理知とは少し別の感覚を刺激するほうがいい。セオリーやロジックはもちろん軽視してはならないが、重要なのはイマジネイティブな思考である。想像は創造の源である。極端に言えば、すべてが理解できなくても何か受講生の感性の敏感な部分に刺さるような伝達の工夫をしたほうが効果的である。

以下これらのことを意識しながら、私が専門にしている日本史研究を事例にして論じてみたい。私は単純な進歩史観はとらないが、まず大前提として、歴史の推移を大局的に見て歴史は近代に向かうということはおそらく誰も否定できないということを力説している。歴史はたまたま近代に移行したのではない。歴史のなかには近代に向けたダイナミズム（歴史を動かす大きなうねりのような力の働き）が普遍的に存在する。ではそうした力はなぜ発生するのか、考えてみれば不思議なことである。これを不思議と思い、そうした議論を覗いてみたいという感性を触発すること、教養教育において大切なのはこうした刺激ではなかろうか。

これを面白いと思う感性を触発できれば、それが日本史ならば日本史の材料をもってその興味に応えらえるような話しを展開すればよい。講義担当者がそれに応えるべく試行錯誤をしている様子をみれば、受講者は「自国の過去を振り返ることには意味がある」という実感と意識を持つにいたるであろう。その意識を醸成することができれば、歴史学の教養教育としてまずは成功である。この感覚は学会と知識人の体質として染みついた西欧への学問的追従姿勢からの脱却の糸口をつかむという意味でも重要なことである。それができなければ、受講生は「日本史なんか勉強して何の意味があるのか」と思うのが関の山である。そうならないために必要なのが研究の醍醐味を伝えられる教養教育なのである。

(2)　非合理的直感への誘い

以上を踏まえた上で、本書では大学における教養教育はいかにあるべきかという問題が重要なテーマとなる。いうまでもなく、大学には教養教育とは別に、専門教育が存在する。従来、専門教育との関連で大学の教養教育は専門に入る前の入門教育のように理解されてきた。先頃まで国立大学に専門課程の前段として教養課程があったのはそれを象徴する事態である。建前は別にして、いまもこの感覚は残っていると思われる。

まず、この感覚を捨てることが肝要である。その上で、教養教育は、自身が選択した専門（教育）を相対化し、かつ専門教育の内容を豊かにする知の総合化をめざさなければならない。

私は、そのためには矛盾するかにみえる二つの課題を意識する必要があると考えている。第一には、学術の深遠さを実感させる機会を与えることである。第二には、受講生に「自分もやってみたい」という興味、あるいは「自分にもできそうだ」という感触を持たせることである。第一の点だけに注力すると、受講生は「何か難しそう」という思いだけを抱き、敬して遠ざけるということになりかねない。第一の点が第二の点につながるような工夫が必要である。

では、具体的にはどのようにすればいいのか。私は権威的な教説の紹介や、信仰告白を避けることを心がけている。そのための課題として、私は具体的対象を抽象的（哲理的）に思考できる力、いうなれば現象的因果律の次元からは見えない形而上学的力学の波動を感じ、そこにあるリアリティーへの感応力の育成を心がけている。これらはもちろん教養教育だけの課題ではなく、人文・社会科学それ自体の大きな目標でもあるが、教養教育の段階でこうしたことの重要性を匂わせる工夫が必要だと痛切に感じている。そのためには、「非合理主義的知性（直覚的知）」、いわゆる「感じる」力の涵養が求められる。学術的思考には通常、合理的思考が必要と教えられる機会が多い。それはその通りなのだが、合理的思考を根柢で支えているのが、非合理的直感力である。非合理的直感力による「気づき」がないと合理的思考は起動しない。

私は、分野のいかんを問わず、この重要性を早い段階で察知することが重要であると考えている。何とか教養教育でその機会を与える工夫ができないかというのが私の問題意識である。具体的な内容についてはそれぞれの分野で試行錯誤を凝らしていくことが必要である。ここでは歴史学を事例に教養教育の私案をすこし述べて見たい。

2　歴史学における教養教育の模索事例

（1）近代化への力動の逞しさをいかに伝達するか

私がたずさわっている歴史学を事例に何を伝えることが重要かを考えてみたい。

私がもっとも重要な問いと意識しているのは、我々が生きている近代とはどういう時代なのか、あるいは人間にとって近代化とは何なのかという問いである。近代化とは、人間の自我や自意識が強まって、人間が自然および神的なるものから分離していく過程である。そしてこの自我と自意識の開花は、自由、平等への渇望を呼び起こしていく。注意しなければならないのは、この人間の個別性の尊重と軌を一にした自我と自意識の深化が、人間の人としての本源的同一性への覚醒を促していくことである。一見逆説的にみえるこの展開は、非常に興味深い点である。そしてこの二つの契機を両脚とした自我と自意識が、前代とは異なる人間の創造力を活性化していくとともに、主体化した人間がその責任をいかに引き受けていくのかという難題を浮上させる。この人間の自立化の代償として浮上した人間の責任というのは、今日でも、いや今日であればこそ一層みんなで考えなければならない課題である。

このように時に受講生に問題を投げ返してみることが有効である。

ではこうした変化は、人間の集団化（社会形成）にどのような影響を及ぼすのであろうか。その個人の自我と自意識が、個人を包摂し個人が帰属する全体社会に見合った集団的自我を創り出していくということは不思議でもあり、また悩ましい問題に我々を直面させる。

それは人々が日常感覚で見渡せる小規模の部分社会の結合としての全体ではなく、それ自身が一個の全体と観念される全体社会（近代国家）の形成に向かう力動を生み出す原動力ともなる。この力動がナショナリズムである。このナショナリズムによって人々はときに勇気づけられ、ときに他国を見下すような独善的な意識を創りあげてきた。このナショナリズムというのは重たい問題である。昨今の歴史学ではこのナショナリズム批判が大流行しているが、私はここですぐ借りものの議論に依拠して安直なナショナリズム批判をするのではなく、そうした悩ましいナショナリズムがなぜ形成されてきたのかの説明に重点を置くべきと考えている。

以上の点を踏まえた上で、こうした全体社会の形成はそれ自身が矛盾を内包していること、その矛盾とはどのようなものであり、そこに人間の主体性はどのように関わったのかという議論に移ってゆくことが必要である。

その主体性はさまざまな対象に向けられたが、歴史学の場合、やはり注目しなければならないのは近代国家を作り出した主体性である。近代国家は人間の、世界的な規模で共通した、苦難の造形物である。世界の多くの地域で、近代国家を創建するために数多くの人々の血が流され、数多くの人々の期待が注がれた。それは幾多の確執や矛盾を抱えながらも、人類は未だ近代国家を超える有効な結合を見出していない。ゆえに近代国家の矛盾だけを摘出して、近代国家の限界、終焉という議論に導こうとするのは安易で不誠実な姿勢であると私は考えている。重要なことは、幾多の深刻な矛盾を抱えながら近代国家はなぜ崩壊しないのか、その強靭さは何に由来するのか、このことを解明するのが先決であり、学術として誠実な姿勢である。このことは受講生にも伝えていくべきである。

（2）近代国家形成の力動を伝達する模索

近代国家とは何かということを厳密に定義することは難しいが、そのもっとも重要な指標の一つとして、近代国家形成とは人間社会から消去できない暴力（それ自身のなかに正当性をもたない生権力）を飼い慣らし、最終的には独占していく過程であるということは見失わないようにしたい。暴力の独占ということを分かりやすく言えば、国家に属する人々の生殺与奪の権を握るということである。さらに具体的には、国家に属する人々の命さえ合法的に奪える力といえば分かりやすい。ここで私はしばしば死刑を例にあげて説明する。その社会に属する人々を死刑にできる力をどのレベルの権力が握っているかということは、その社会を治めている権力の性格を考えるうえでの大きな指標になる。

古代は史料が少ないので不明な点が多いが、中世においては村の前身ともいえる惣村という自治的な社会の内部で、自分たちの社会のことは自分たちで処断する権限、自検断という権限によって盗みなど共同体の掟を破った者には時に村内部で死刑が断行されていたことを示す史料が残されている。もちろん積極的に奨励されていたというより、上位権力が惣村内部にまで介入してこないので、今日でいう私刑のような形で自分たちで処断せざるを得なかったというのが真相である。自治というのはバラ色に描けるものではなく、自分のことは自分たちで処理しなければならないという苛酷な要素を含むことはぜひ学生たちに伝えたい。村人が村人を処刑するということを「残忍な行為」としてではなく、「苛酷な事実」として伝えることが重要であり、こうした事実を伝えることが教養教育の重要な役割であると考えている。

だが時代が下って江戸時代になると死刑を断行できるのは幕府と藩だけに限定され、村はもはやそういう権限は持たなくなる。さらに近代になると、周知の通り死刑を断行できる権力は国家権力だけに限定される。まさに近代国家による暴力（処断権）の独占の完成を示す分かりやすい例である。武力としての暴力の独占も、これと並行して近代国家にだけ許される。近代国家においては、国家の許可を得ることなく武力を保持することは許されない。

これは誰かが計画した推移ではなく、社会が力学的にそのように移行したということである。この社会に働く力学を捉えることが人文社会科学の共通する重要課題である。ところが、この「力学」もしくは「力動」というものを学生に伝えるのはかなり難しい。なぜなら、そうしたものは史料に記されるような実質性をそなえた性格のものではないからである。これらは思考によってのみ捉えられる対象である。最初に形而上学的思考が必要であることを強調した所以である。ところが、多くの学生、特に「歴史が好きです」というようなタイプの学生はこういう思考が苦手なようである。どうしても史料に明示的に記されていることを「証拠」にしなければならないという固定観念が強い。教養教育の大きな課題の一つとして、この固定観念から脱するために思考をほぐすということがあると思われる。

近代国家というのは、相当に巧妙につくりあげられたシステムである。その要素である立憲制、天皇制、近代官僚制、政党内閣制も同様である。ゆえに近代国家批判を呪文のように唱えていれば近代国家批判をしているような気にさせないこと、近代国家の強靭さを冷徹に見据えることの重要性を伝えることが必要である。

これらを含め、歴史のなかに「異常なもの」など存在しない。一見「異常」に、おぞましく見えるものでも社会の必然が巧妙に内化されている。戦争もそうである。それを前提にした上で、それらに対する批判精神を涵養すること、まさに教養教育とはこうした難題を背負っていることを幾重にも認識しなければならない。

（3）近代国家（公権力）を批判する感性を涵養する模索

では我々は近代国家にどのように向き合えばいいのであろうか。近代国家が容易に否定できない強靭さを備えているからといって批判することをあきらめてそれに追従するというのでは、何のために学問をやっているのかわからない。もちろん近代国家を批判するといっても安易な革命幻想を抱くことに意味はない。また我々は近代国家の保護なしでは生きていけないことを踏まえることも必要である。必要なことは、以上を踏まえた上で、近代国家の価値観に安易に同化してしまわないことである。

そのためには、近代国家の権力性を「不気味」で「空恐ろしい」と感じる感性が必要となる。なぜなら、近代国家とは必要とあれば（例えば戦争になれば）、人間を無慈悲に大量殺戮する行為をも国家への「忠誠」の証しとして、「正義」として、公的に表彰するような権力である。平常時ならば、身の毛もよだつような、鬼畜にも劣るような残虐行為とみなされる行為も、ひとたび国家が公的に敢行した戦争のもとでは「賞讃」の対象になる。そういう事態、そういうことをやってのける公権力、この不気味さには敏感でありたい。

これは国家の支配者が「残忍」だからではない。国家の支配者がどうであれ、こうしたことは起こる。これが潜在的な暴力性をもつ国家という巨大なシンジゲートの本質である。この冷厳さに空恐ろしさを感じる感性を涵養することが重要なのである。

大学生も、国家のような巨大組織でなくとも、近い将来、会社をはじめとした何らかの組織に帰属することになるであろう。そこにおいては自分の個人的思いとは裏腹に、その組織の一員として多かれ少なかれ不条理な選択や行為を強いられるであろう。組織とは、その構成員にそれ自身の価値観に同化することを強いる。それに反抗すれば、その組織への忠誠が欠けた者として疎外されるであろう。組織とはそういうものである。これにつねに反抗して行動に移せとはいわないが、こうした組織の本質的不条理性を感覚的に認識できることは必要である。組織の行動原理に何も感じないような、組織に対する魂なき従僕になってはならない。これが私の切なる願いである。

そして教養とはこうした感覚を養うためのものであると私は考えている。

この感性があって始めて、ではこんなことができてしまう近代国家とはどのようにつくりあげられているのかということを原理的にそして歴史的に解き明かしたいという渇望が生まれる。ここで担当者は、自らが考えたことを全力で、できるだけ分かりやすく開示していけばいい。

3　日本近代を事例に権力の真の恐ろしさを語る工夫を

（1）常識を疑う姿勢の涵養

以上のことを述べた上で、では日本の近代国家はどのようにして創建されたのかという問題に話しを移してゆく。ここでは少し非常識なことを述べる。それは日本の近代国家は一つの暴力現象を起点に始まったということである。噛み砕いていえば、普通近代国家は国民の合意と契約によって支えられているというのが、社会契約説として知られる常識的理解であるが、真相はそうではないということである。その原初の時点において、合意を蹂躙して自らの突出をはかった「事実上の力」が、むしろそうであるがゆえに爾後に国民の合意を作り出していかなければならないという事態こそが日本の近代国家の起点であるということである。

ここで想起しなければならないのが、王政復古という周知の事象である。それは明治維新とは何だったのかという議論にもつながる問題である。近年の学会では王政復古はきわめて軽視される傾向にある。それは戦前の皇国史観が王政復古を天皇制国家の起点として賞讃してきたことへの反省が作用していることは否定できないが、それ以上に近代国家への移行は近世社会のなかで熟成され、幕末期にいたって「公議論」として特に基盤を広げつつあった合議の延長線上に捉えようという問題意識が強く作用していることが大きい。たしかに一見歴史の蓄積というものを重視している良識的議論に見え、国民に安心感を与える議論ではある。

だが真理は多くの場合、非常識（に見える見地）のなかにあることを知るべきである。そうした「良識的見解」は、歴史のなかにはたらいている峻厳なリアリズムに目が届いていないがゆえの謬見である。明治維新という大転換は、ごく少人数で暴力的に「中心」を作り出す王政復古という措置を起点にすることなしにはあり得なかった。細かい論証は省かざるを得ないが、天皇を暴力的に中心におく王政復古という措置があってはじめて、後のすべての変革に意味と推進力が与えられたのである。

これは受講生たちを不安にさせかねない議論であるが、歴史のなかにはこうした厳しい力が働いていることはぜひ受講生たちに、すぐには完全に理解できなくても伝えておきたい。私が日々感じていることである。なぜこういうことを強調するかというと、権力は社会の構成員の合意によって成り立っているという我々の常識的感覚が権力に向き合う緊迫感を鈍らせるからである。権力は可能なかぎり社会の構成員の合意を調達しながら、つねにその合意を越えたところに存在する。権力があたかもそれ自身独立した意思を持っているかのごとくみえるのは、そうした権力の本性に由来する。それは国民主権の世の中になろうとも基本的には変わらない。それは権力が、原理的に暴力（事実上の力）を存在論的な起点において成り立っているからである。このことをつねに受講生に認識しておいてほしいからである。

大学における教養教育は、それぞれの分野の知識や事象をある程度押さえながら、受講生にその分野を学ぶことの意義を実感させるような担当者のメッセージが込められるべきだと考える。そのためには担当者は、借りものの議論を意識的に拒絶するぐらいの気魄が必要であることを重ねて強調しておきたい。

（2）歴史的事象を深く意味づけることの重要性を伝える

明治維新以後の日本近代国家の歩みについては、日本近代史概説やそれぞれのテーマにそった特別講義で学ぶことになるが、教養教育の授業では根本にあるものは何なのかということを伝えなければ意味がない。私はそれを、近代国家（近代公権力）の本源にある暴力を制度化し馴致していく過程であると伝えている。わかりやすくいえば、権力へのアクセスをめぐる人間の闘争と革命の制度化である。こういういい方をすると違和感があるかもしれないが、考えてみて欲しい。上級官僚など国家の指導的職掌を担う人材を選抜する高等文官試験（戦後は国家公務員上級試験）を始めとした登用試験や政治家を選ぶ選挙も、能力と人望の多寡を基準にした弁別である。

そこには熾烈な競争や競合があり、露骨にいえば勝者と敗者がある。もちろんこれで人間の資質やすべての能力が測りきれるものではないが、少なくとも当該分野においてはそこに「勝者」と「敗者」が画然と区分けされてしまうのは否定できない事実である。そこでの「勝者」は統治における枢要なポジションを担う重要な足がかりを得ることになり、「敗者」は統治に服する被統治者となる。ここで「敗者」としてこぼれ落ちた者が、いかに惨めな境遇に甘んじなければならないか（自己を惨めと認識したかは）、二葉亭四迷の『浮雲』など、当該時期のいくつかの文学作品がふれてきたところである。そうした「敗者」たちのルサンチマンが近代的自我の多くの部分を構成し、ジャーナリズムや文芸の世界を活性化してきたといっても過言ではない。

しかし、一度「勝者」になっても苦難はつづく。官僚の場合は役所のなかでさらに熾烈な競合を強いられ、多くの者が振るい落とされていく。代議士は次の選挙で落選すればそれまでである。

これらを総体的に見たとき、その意味をどう評価できるであろうか。これが身分制を取り払ったうえで国民全般のなかから権力のエージェントを随時登用、更新し、新陳代謝をはかるシステムであるということは分かり易いであろう。もう少し冷徹な目で見れば、これぞ本来は暴力的に断行される闘争を制度的闘争に置き代えた措置であるといえよう。さらに、権力者の交替のための闘争を権力革命と呼ぶとすれば、これはまさに「革命の制度化」である。

暴力による真正の革命を幾度もくり返せば、社会が疲弊する。それを避けるために、それを制度的革命に置きかえることによって成り立っているのが、近代国家なのである。近代国家とは、その起点にあった暴力と革命を制度化することによって成り立っている権力機構に他ならない。

（3）ナショナリズム・天皇制への根源的なまなざしの涵養

1．国民代表制が招請するナショナリズム

ではここからナショナリズムや天皇制はどう見通せるのであろうか。

権力へのアクセスを開放したといっても、その社会の構成員全員が権力の運用に携わるということは不可能である。そうであるかぎり、実際の権力の運用を担う代表者を選抜し、それら代表者に権力の運用を委ねる以外にはない。選出基準や範囲の差はあるであろうが、ここまではいかなる社会であっても否定できない原理であろう。

代表に委ねるかぎり代表を選ぶ何らかの選抜が必要である。その選抜の方法は地域においてかなりバリエーションがあるであろうか、基本形はやはり試験による選抜（→官僚）と選挙による選出（→代議士）であろう。

これらはいずれも国民から選抜されているかぎりにおいて「国民代表」といってさしつかえない。代議士を国民代表と呼ぶのは我々の常識にかなうが、官僚を「国民代表」と呼ぶのは違和感があるかもしれない。しかし、これらは選出手続きと評価基準が違うだけで、いずれも国民の「代表者」である。実際の行政と政治はこれら「国民代表」が担うのが避けられない近代国家の特色の一つである。

ではこの代表制は国民と社会にどのような影響を及ぼすのであろうか。

人々の「意思」の伝達が間接化し、社会の意思を分節してしまうこと、これである。代表制が近代国家にとって避けられないとすれば、近代国家とは国民の「意思」の伝達の間接化を推進してしまう国家だといえよう。代表制

が民主化の前提条件であったことは間違いがない。とすれば、民主化を推進しようとすれば、どうしても人々の意思の伝達を間接化し、社会の意思の分節化を招いてしまうことになるという悩ましい事態が進行することになるわけである。

しかし、国家であるかぎり「全体性」を作り出さなければならない。国民の「意思」の伝達の間接化と社会の分節化を前提にして「全体生」を作り出すこと、まさにこれが近代国家が直面しつづけた宿命的難題であったのである。どうであろうか、ここまでの議論に政治的立場や価値観の差異が入り込む余地があるであろうか。話しを先へ進めよう。

では、人々の意思の伝達の間接化と社会の分節化を前提に、はたしてどのように「全体性」を作り出すことが試みられたのであろうか。ここで行使されたのが、人々が意思伝達の間接化と社会の分節化を越えて「全体」を実感できる感覚を創成すること、すなわちナショナリズムの培養である。そのために利用されたのは、多くの場合、文化的なシンボルである。すなわち日本の風景、古美術など美意識にうったえるもの、言語、民族（芸能）、物語、神話、美意識、など多くの物的・精神的シンボルが利用された。あるものは新たに「価値」を付与され、あるものは創造された。

これらナショナリズムのツールが後世に創作されたものにすぎないとしてその「虚構性」を暴き立てることに腐心しているような研究がひと頃輩出したが、ピントを外した論議といわざるを得ない。それが虚構であることなど当たり前であり、そんなことを「暴露」してもナショナリズム批判としては意味をなさない。もっと根源的な視座にたつことが学術の醍醐味であることを伝えることこそ教養教育の課題である。

しかし、こうしたシンボルをもって国民に帰属すべき「全体性」を強く実感させることができたかといえば、それはあまり成功したとはいえない。最終的に「万邦無比」の「国体」とその中核に据えられた天皇の存在をもってその代位をはかり、戦時下においてはその天皇を官制の国体神話をもって飾り立てざるを得なかったのは、むしろ内発的なナショナリズムの脆弱性を示すものである。

2．天皇制から透けて見える「普遍性」

しかも問題は、天皇の一身をもって「全体性（絶対性）」を表象することもまた大きな背理を抱えていたことである。なぜなら「全体性」を一身で体現できる天皇は「聖的な絶対性」をもった神に類する存在でなければならない。自らの個別意思を捨象した「無私」の存在でなければならない。自らの個別神的な「聖性」を標榜するためには、自らの個別意思を捨象した存在であるかぎり、国政の方向性を定める意思を提示する主導者にはなれないという背理がこれである。しかし、国政の方向を指し示す「意思」は必要である。であるかぎり、天皇は自らの主体的な個別意思で動く存在ではなく、古来の「皇祖皇宗の意思」を受託し、それを現在に引き継ぐ存在として創基される以外にはなかった。

以上で私は既存の分析枠組みを借用せず、誰にでも了解できる理屈で天皇制が立ちあがってくる必然性を解析したつもりである。私は天皇制に何の思い入れもない。むしろ天皇制というのは否定すべき対象と考えている。しかしながら、もっとも警戒しなければならないのは、天皇制とは何なのかということを深く分析もせず借りものの議論をもってしてその虚構性を暴けば天皇制を批判できたような気になっている研究が依然まかり通っており、ともすれば学生たちもそうした研究の影響を受けてしまうことである。こうした弊害を打ち破ることを、教養教育の大きな役割として重視すべきであると考えている。

天皇制はたしかに他国に類を見ない、異様なものに写る。しかしよく目をこらせば、見えてくるのは、その特殊な存在のなかに埋め込まれている「普遍的」な要請である。この要請を受けとめた存在という意味で、天皇（制）は強靭な存在であることを重々踏まえる必要がある。教養教育で伝えたいことは、この天皇制の例に典型的に示されるように、歴史の重要事項はすべて必然の連鎖でつながっているということである。歴史の重要事項を偶然の産物と見なした方がドラマチックな醍醐味あり、受講生も喜ぶ傾向にあることは否定できない。しかし、そうした傾向は早急に是正しないと歴史学の存在を著しく貶めることになりかねない。教養教育には、そうした愚を正す役割が求められている。

天皇制の話しにもどせば、天皇制はいかなる理由で利用されたのかということを学術的に分析することが重要であることを伝えなければならない。それは模索の連続でもあった。まず、目に留めるべきは、架空の「皇祖皇宗の意思」を引き継ぐことをもって近代国家を運営することは、どう考えても無理であったことである。近代国家を運営するためには、それに見合う国家意思を構成できる実質的な政治的リーダーが必要であった。これについてまず思い浮かぶのは行政官僚であるが、彼らは特定分野の能力に長けたエキスパートであっても、国民に選ばれた存在ではない。国民の支持を取りつけるためには、やはり国民の手によって選ばれた存在が必要であった。その条件に見合う存在は何か。議会で多数議席を確保した政党の党首以外にはない。議会で多数議席を確保した政党というのは、一応選挙という選出手続きをへているかぎり、形式的にはもっとも広汎な国民の要望に支えられた存在と見なしうる。その党首を政治的リーダーに据えるにはどのようにすればよいのか。その党首を首班にした内閣を構成すること、すなわち政党内閣制以外にはない。

どうであろうか。ここまでの論述で私の独断や政治的な偏向はないと自負している。先をつづけたい。

しかし、ここに大きな問題があった。それは議会で多数議席を確保した政党の党首を中心に内閣を構成するということは、私欲にまみれた国民の要望を政治に投入することを意味した。そうなると政治が国民の欲望に寸断されてしまいかねない。これに対しては当然大きな危機感が生まれることになった。

3．天皇制ともたれあう「政党内閣制」

そこで考え出されたのが、天皇をうまく活用することであった。つまり、多数政党の党首の意向がそのまま国政を動かすのではなく、国民の欲望に縛られない天皇が多数政党の党首の「補佐」をうけて政治を指導するという建前を前面にだしながら、実際は国民の付託を得た多数政党の党首が政治のリーダシップをとることであった。ここまでは、多くの政治指導者たちが内々で認めていた（認めざるを得なかった）ことである。ところがここから先は、こうした政治運営方式のどの部分を重要視するかで見解の対立が生まれることになった。すなわち、もはや多数政党の党首の主導力が中心であり天皇は形式的な中心にすぎないことを率直に承認する立場をとれば美濃部達吉などが唱えた天皇機関説になり、依然天皇が中心であるという建前に拘れば天皇主権説にならざるを得ないということである。この両者の間で激しい対立がくり広げられたことは受講生も知っているはずである。このように見れば、天皇機関説も天皇主権説もともに戦前期日本の近代国家を運用するシステムのどの側面を前面に出すかという対立にすぎず、天皇主権説にもそれなりの「根拠」があったことが理解できる。天皇主権説を狂信的な人物が唱えた異常な学説のような捉え方をしてしまっては、ことの本質が見えなくなるのである。一見狂信的に見えるようなものであっても、「狂信的」という断罪ですませず、そこに宿っている「意味」を汲み取ることが重要である。こうした学術にとって重要な姿勢も教養教育で伝えるべき重要な課題である。

4　思考を縛るタブーからの解放

（1）善にも悪にも人間のエネルギーが満ちていること

1．国民主権の叡智と狡智

では、ここまで述べてきたことの意味を少し総覧的に考察してみよう。試験にせよ選挙にせよ国民のなかから選抜した代表に政治を委ねるということが何を意味するのであろうか。国民のなかから「指導者」（「支配者」と言い換えてもいい）を作り出すこと、これである。さらに言えば、国民をして国民を支配させる統治システムの構成、これである。国民のなかに貧富の差はあっても、自明の支配者は存在しない。その中から試験制度と投票という形式的措置によって暫定的な「支配者」を作り出し、それが「職分」として残余の国民を支配するシステムを作り出したことが近代国家の特質である。それまでの統治システム、例えば江戸時代は、武士という基本的に統治を職分とする身分が存在し、それが住民全体を支配していた。つまり武士という自明の政治的支配者が存在し、百姓や町人が政治的支配者になることは基本的にはなかった。これが近代国家による支配とそれ以前の支配の根本的に異なるところである。

この国民全般のなかから「暫定的な支配者（代表者）」を作り出し、「国民の代表者」をして「残余の国民」を支配させるシステムはきわめて強靭なシステムである。なぜなら、「暫定的な支配者（国民代表）」が支配者としての適格性を欠いた場合、ただちに「支配者」の取り替えが可能だからである。この「支配者」を随時制度的に更新していける強靭さが近代国家が容易に崩壊しない理由である。

これは当然、権力へのアクセスを広汎な国民に開放してはじめて成り立つシステムである。広汎な国民に権力のアクセスが開放されているということは、民主化の重要な条件である。平たくいえば、一定の条件を満たせば誰でもが「支配者」になれる可能性を保証することが民主化の重要条件であったということである。

ここまでの論述に、かたよった見方と非難される余地はないと私は確信しているのであるが、どうであろうか。

2．「制度化された闘争」としての「立身出世主義」

以下、こうした事態がどういう状況を生み出すのかということの考察をしてみたい。第一に、権力へのアクセスが広汎な国民に開放されているかぎり、「支配者」になってみたいという願望をもつ国民が一定層生まれるのは自然であるということである。そういう野心を抱く者は、その切符を手に入れるべく難関試験を突破することに粉骨砕身する。いわゆる「立身出世主義」の蔓延である。こうした「立身出世主義」を誰しも好ましいこととは思わないであろう。しかし、これは前近代においてなされた「武力による権力闘争」が「制度化された闘争」に転位した状態であることを踏まえる必要がある。

こうした社会をどう評価するかは人それぞれであろうが、これは野望という形で内燃する人間の厖大なエネルギーを権力の資源として活用できるシステムであることには注意を要する。しかし逆にこれは人としての形式的平等性を前提にしながら社会のなかにヒエラルヒッシュな権力秩序を持ち込むことによって、社会のなかに除去しがたい確執を内攻させる原因ともなった。そうしたヒエラルヒーによって秩序化された社会のなかで多くの国民は、自らの要望を伝達することと限界を知り、絶望感を深め、やがて無気力にすらなっていく。そこから形式的な平等性の尊重を謳うことの欺瞞性を呪う感覚が生まれ、権力への不信を強め始める。こうした国内思潮のなかで、多くの国民はこれを「近代の行きづまり」と認識し始める。

時代は下って多くの国民が一九三〇・四〇年代の日本の対外軍事行動を支持した精神的背景には、こうした「近代の行きづまり」の打開をそれらに託すという思いに囚われていたことが無視できない。国民は西欧諸国のヘゲモニーが確立していたなかで、日本の領土を拡張の軍事行動のなかに自らの「解放」願望を投影していたのである。

ここから語るべき問題は多いが、もはや与えられた枚数がつきたので、以上の内容を踏まえた上で、全体として受講生に対して何を伝えるべきなのかということを簡潔に概括しておきたい。

（2）国民主権のすばらしさと困難さを見据えて

近代というのは、人間を自然から解放する時代である。ここでいう自然とは、単にネイチャーという意味だけではない。人間が自らの欲求にとらわれたままの状態という意味を含んでいることに注意したい。人間は自らをそうした欲望の野放図な発露を抑える規律のもとにおき、その代償としてもう一つの「自然」である自由と平等を手に入れ、その保全のために権力を構成し、運用してきた。それはまさに模索の連続であり、時に自らの首を絞めるような苦境を作り出しもしたが、ともかくもその帰着点が国民主権であった。国民主権に関しては、ひと頃その「虚偽性」を蝶々する研究潮流が見られたが、この国民主権を人間はもはや手放すことはできないであろう。そこに幾多の不充分な点や虚偽さえ含まれていることは否定できないが、だからといって人間は国民主権をかなぐり捨てるのではなく、それを是正することに力を注ぎつづけるであろう。このことは幾重にも踏まえておきたいが、主権者となった国民が「自由」の名の下に従事した多くの活動が多くのものを破壊し、蹂躙してきたことは紛れもない事実であり、それに眼を蔽うことは許されない。

ここで重要な問いが生じる。それは人間は国民主権を手放せない。しかし、国民主権のもとでの自己決定権を理由に、国民は何をしても許されるのかという問題である。おそらく多くの人々は「許されない」と答えるであろう。では次に問わなければならないのは、国民主権のもとでの国民の行為を制約できるものは何か、という問いである。これに対して多くの人々は人倫、道徳、正義、良識……などさまざまに答えるであろう。しかし、いずれも人間の内面に訴えかけるものではあっても曖昧なものばかりであり、これらによって多くの国民の行動を規律化できるのかといえば、きわめて心許ない。例えば、ある人々にとっての「正義」は、他の人々にとって「正義」ではないからである。

しかし、これにかわる確定的な妙案を人類は未だ見出していない。人文・社会科学のどの分野においても、究極的にはこの問題にどう向き合うべきなのかという難題に行きあたる。この難題に真剣に向き合うことから人文・社会科学の真の協業が生まれるといっても過言ではないであろう。

骨と皮だけのような話しになってしまったが、以上が私が模索をくりかえしながら日本史の教養教育で伝えていることのおおよその内容である。

追記　本章には参考文献というべきものはないが、歴史学の事例の箇所の内容についてより詳しく知りたい場合は、拙著『日本近代主権と立憲制体構想』日本評論社、二〇一四年を参照してほしい。

第二部　教養知の学びと実践

教養は、ときに「世間知らず」、良識、常識の有無が問題となり、価値的に捉えられる。教養は価値中立的ではなく、多様な価値性をそなえたものである。今日教養教育が社会において求められる実践的な意味、教養教育が果たすべき社会的責任とは何か。

こうした教養の捉え方で話題となっているものに、日本学術会議の提言「21世紀の教養と教養教育」(『日本の展望――学術からの提言 2010――』)がある。提言では教養の実践的方向性として「市民的公共性」を掲げ、「市民的公共性とそのための教育は、グローバルな社会とローカルな社会のさまざまなレベルにおける集合的意思決定過程(政治)に市民として参加していくこと、そして、そのために必要な学問知・技法知・実践知を養い培う」こととされている。

現実の教養教育の「模索」、その問われ方は多様である。周知のように、教養教育は、きわめて多彩かつ広範囲な領域・分野、科目から構成されている。教養教育の枠組みにおいて提供される知性の育み、なおいえば、市民性涵養に向けた育みとはどのようなものか。

その核心は、私たちが置かれている情況にどれだけ肉薄した教養知としての「問い」と「向き合い」ができるか、教員側と学生側、すなわち人と人とがどのように授業に「向き合い」、自己を「問う」のか、提示されている事象と知識を咀嚼しえるかにある。第二部ではこの交わりとリフレクションにおいて人間的態度と人間的知性が育まれる教養教育の実際について考察する。

以下では、地域や生活、社会(時代)における自己の意識に根ざした「教養知」とその育みについて考える。取り上げる話題・視点のキーワードは、「格差と教養の戦後史」、生活に根ざす知の実践、〈考える力〉を再構成する講義、「地域を基盤とした学習」で促される教養、学びほぐし(アンラーン)と教養の知、最後に人類史に見られる「教養知」形成の歴史に見られる局面について示す。

第5章 「格差と教養の戦後史」と「空きコマ」の可能性
――「偶然性のメディア」としての教養科目――

福間良明

神奈川県立教育研究所は、一九六〇年に定時制高校生を対象にアンケート調査を行っている。その中に進学目的を問う項目がある。「高校卒の資格を得る」というのが大多数かと思いきや、その結果は全体の一八・七％に過ぎない。最多の回答は「できるだけ教養を高める」で五三・六％、二番目に多い「高校卒の資格を得る」の約三倍の回答数だった。(1)

もっとも、アンケートの回答と定時制生たちの「本心」がどれほど一致していたのかはわからない。高卒資格取得が重要な進学動機の一つではなかったとも考えにくい。だとしても、こうしたアンケート結果になっていることは、「できるだけ教養を高める」という回答が、少なくとも「社会的に望ましいもの」すなわち、彼らの規範として受け止められていたことを暗示する。

今となっては奇異に見えるかもしれないが、同時期の大衆映画からも、そのような価値観を読み取ることができる。映画『キューポラのある街』（一九六二年）は、県下最難関の進学校をねらえるほど学業優秀な主人公・ジュン（吉永小百合）が、家計困難のため高校進学の夢が断たれ、自暴自棄に陥るも、定時制高校への進学に希望を見出すさまを描いている。そのラストで、ジュンは両親にこう語っている――「だけど母ちゃん、昼間［＝全日制］にはないような凄く頑張り屋でいかす人がいるわよ。それにね、これは家のためっていうんじゃなくて、自分のためなの。たとえ勉強する時間は少なくても、働くことが別の意味の勉強になると思うの。いろんなこと、社会のことや何だとか」。そこでは、全日制高校よりもはるかに「社会のことや何だとか」を学べるものとして、定時制高校が見出されている。進学や就職といった「実利」のためではなく、「教養」を身に着け「社会」「人生」を考えるために学ぶという規範は、大衆的なメディア文化の中にも根づいていた。

ちなみに、この種の価値観は、定時制のみに見られるものでもなかった。戦後初期ではあるが、石川県内灘村青年団の機関誌（一九四七年五月号）では、「選挙の民主化」「民主主義と先入観」「女性と読書」「文化運動への期待」といった地元青年らの論説が掲載されていた。また、義務教育より上に進めなかった青少年たちが学ぶ青年学級（一九五三年発足）でも、「人生問題」「時事問題」「文学」「民主主義講座」といったテーマがたびたび扱われていた。

これらを見渡すならば、戦後のひと頃までは、学歴エリート層のみならず、中卒の勤労青年（定時制進学者を含む）たちにも、教養主義的な価値観が共有されていたことがうかがえる。教養主義とは、本来、「思想・哲学・文学・歴史の古典の読書を通じて、人格を陶冶しなければならない」という規範をさす。そこには、自己の実利を超越した教養への憧憬があり、大正期から一九六〇年代ごろまでの旧制高校・大学で広く見られた。だが、その種の価値規範は、高等教育はおろか中等教育にも進めなかった若者たちにも、それなりに共有されていた。

では、学歴エリートに閉じない教養文化（大衆教養主義）は、かつてなぜ存在し、いつから衰退したのか。格差に苛まれる青年たちが、なぜ教養を求めようとしたのか。本章では、戦後の大衆教養主義の歴史を跡付け、そのうえで、現代の「教養教育」のあり方について考えたい(2)。

1　農村と教養共同体

（1）農村の教養文化

終戦後、農村各地では多くの青年団が新たに結成された。戦時期にも青年団は存在していたが、それらは国家的な統制団体であり、地域社会の有力者が中枢を占めていた。だが、敗戦を迎え、戦時期の社会のありようが否定されるなか、農村青年たちは年長者の言いなりになるのではなく、自分たちで社会や地域のあり方を思考しようとした。そのことが、戦後初期の自然発生的な青年団の結成につながった。

そこでは読書会などもたびたび開かれ、政治や社会、文学、思想について論じられることも珍しくなかった。先の内灘村青年団は、その好例である。そのような活動の延長で、義務教育後の成人教育機関として青年学級が設けられ、一九五〇年代半ばには高潮期を迎えていた。主として高等小学校卒の青年たちが集った松本市神田塾では、文学、哲学、芸術家から史的唯物論に至るまで、人文社会系の多様なテーマが扱われていた。

こうした動きの背景としては、一つには戦争をめぐる自責や悔恨があった。「なぜ戦争遂行を批判的に見ることができなかったのか」「なぜ旧世代の言いなりになってしまったのか」という思いが、自分たちの「生き方」や社会のあり方を根源的に問い直そうとすることにつながった。

講座	講師
哲学概論	松本高等学校教授
文学概論	松本高等学校教授
歴史と哲学	原田伴彦（歴史学者）
現代文学史	高橋玄一郎（文芸評論家）
人類解放の歴史	妹尾義郎（宗教家）
女性解放の歴史	平山泰（松本市長）
デモクラシーの歴史	田中清長（市高校長）
芸術と生活	石井柏亭（疎開画家）
唯物史観講話	雑誌『潮流』編集長
文化国家と青年運動	下條寛一（市総務部長）
われら如何に生きるか	山本茂実（神田塾主幹）

表5-1　松本市神田塾の開講講座（1946年ごろ）

出所：深志学院記録作製委員会編『全国一の学校と――深志学院の記録――』深志学院記録作製委員会，一九九二年．

（2）進学をめぐる鬱屈

ただ、それればかりではなく、上の学校に進めなかったことへの鬱屈もあった。昭和初年であれば、旧制中学や高等女学校への進学率は一二%、実業学校進学者を合わせても、中等教育進学率は一八%程度である。[3] 家計困難ゆえに義務教育よりに上に進めないことは「ありふれたこと」であり、まだしも諦めがつきやすかった。だが、戦後一〇年が経過すると、（新制）高校進学率は五〇%に達していた。上の学校に進めないことは「当たり前」ではなくなり、たとえ学業成績が中下位であっても、家庭の経済状況が悪くなければ高校進学は可能になっていた。だとすれば、学業優秀でありながら、上級学校に進めない層が苛立ちを覚えるのは当然だった。

そのような境遇にあったある農村女性は、その思いを以下のように綴っていた。

> 私は進学した友人を見ると、悲しかった。所かまわず、口惜し涙が溢れてくるのを、どうする事も出来なかった。
> 制服を着て、楽しそうに語らいながらゆく姿を見かけると、自分だけが、一歩一歩前進していく友から遠ざかっていく様な、惨めな淋しさを覚えずには居られなかった。私も進学したい、そしてもっともっと勉強がしたい。(4)

「自分だけが、一歩一歩前進していく友から遠ざかっていく」ような感覚は、農業という職業生活に身を置いているにもかかわらず、それとは無縁な「教養」を求めることにつながった。『渋谷町青年教育調査報告』（一九五五年）は、農村の青年学級に通う青年たちの特徴として、「こんなところにいたら「中学時代の勉強が落ちる」と考へていらいらする。その「勉強」を「落さない」ために青年学級へやってくる」と指摘している。(5)高校に進学した友人たちに「遅れ」をとることの焦燥感が、日常の仕事には何ら役立つものではない「勉強」「教養」へと彼らを駆り立てていたのである。

（3）農村教養文化の衰退

もっとも、農村の教養文化はほどなく衰退を迎えた。一つには、教養や読書、進学に対する親・祖父母世代の無理解があった。田畑を守って生計を立ててきた年長世代は、そもそも進学によって階層上昇する経験を有していなかった。「農業に携わっていれば、食い扶持だけは何とかなる」という発想だった。だとすれば、読書や青年学級等への参加は、何の役にも立たないどころか、利益遺失をもたらすものでしかない。「つまらん本を読むひまがあったら針仕事でもせよ」というのが、年長世代の言い分だった(6)。

また、青年たちが農村社会のあり方について考えることは、当然ながら旧来の慣習やしがらみへの批判につながりかねなかった。青年団や青年学級の活動を、ときに「アカになる」と警戒したのも、そのゆえである。

読書や文化活動への制約ばかりではなく、農村社会そのものの閉塞性も、青年たちを幻滅させていた。なかでも二三男問題は大きかった。終戦直後の農村への復員者の帰郷とそれに伴うベビーブームは、農村の過剰人口をもたらした。田畑を継ぐことが見込まれる長男はまだしも、次男以降の青年たちは、農村での将来展望がなかった。農繁期は貴重で安価な労働力ではあったが、農村で他に職を見つけることも、何らかの職業技術を培うこともできなかった。長男と彼らの間に憎悪の念が生じることもしばしばだった。

もっとも、長男たちにしても、農業以外の将来は閉ざされており、それに対する憂鬱も決して小さくはなかった。また、女性たちは他の農家の「嫁」に入ることが多かったが、それは「姑」の不断の監視にさらされ、農作業と家事の無償労働に従事させられることを意味していた。

それでも、こうした農村のありようが自明視されていれば、特段の疑問も抱かず、農村秩序に組み込まれる生き方を選んだのかもしれない。だが、当時の青年たちは、義務教育課程の中でまがりなりにも、民主的な価値観にふれていた。農村社会は彼らが学校で学んだ民主主義とはあまりにかけ離れており、自由や平等が顧みられないものでしかなかった。だとすれば、彼らが農村の閉鎖性をつよく実感し、批判の眼をむけるのは必然だった。

そうしたなか、青年たちは、希望のない農村を離れ、都市部に多く流出した。折しも、一九五〇年代半ば以降、日本は高度成長の入口に差し掛かり、第一次産業から第二次・三次産業へと産業構造が転換しつつあった。こうしたなか、農村青年の教養文化は必然的に衰退していった。青年学級が急速に廃れ、青年団も時を同じくして低迷傾向に陥った。

では、都市の勤労青年の教養文化はどのようなものだったのか。それはいかに変容したのか。

2　都市と「知的なもの」への憧れ

（1）定時制への期待感

高度経済成長は、集団就職を大規模化させた。一九六四年には、三五道県からの集団就職者は七万八四〇〇人に及び、のべ三〇〇〇本の集団就職列車が運行された(7)。都市部に職を得た農村青年たちは、単に家郷から逃れることだけを考えたわけではなかった。夜学、すなわち定時制通学への期待も大きかった。

定時制高校は、一九四七年の学制改革に伴い、発足した。戦前の夜間中学や青年学校の流れを汲むものであったが、青年学校や青年学級とは異なり、正規の学制に組み込まれた。したがって、全日制と同じく、正規の高卒学歴取得が可能となり、大学の受験資格も得られた。

定時制が広がりを見せたのは、主に都市部だった。農村部でも戦後初期には定時制本校や分校が設けられたが、地方の財政難もあり、ほどなく統廃合が進んだ。そのことは、青年たちの通学の困難に直結し、学生数の減少をもたらした。それは、さらなる統廃合につながる悪循環を導いた。

それに対して、都市部は青年たちが勤務する工場・商店が多く、終業後に通学しようとする彼らのニーズは大きかった。「中卒生というレッテルと教養の低さから逃れたい」「社会の一員として恥ずかしくない教養と実力を身につけたい、何とか勉強したい」という向学心が、彼らを定時制通学へと駆り立てていた(8)。そこでは、必ずしも高卒学歴を得ることが自己目的化していたのではなく、教科を通して導かれる人文科学や自然科学への関心も、しばしば見られた。

このことは、日常の労働から解放され、全日制高校に進んだ「進学組」と同様の「知的なもの」に触れる感覚をもたらした。勤労青年の多くは、中小・零細の工場・商店で働いていたが、そこでは労働法規を無視するかのような長時間労働や休日労働が珍しくなかった。その一方で、恣意的な解雇や給与遅配も見られた。当然ながら、こうした労働環境は学校で教わった民主主義の理念とは相いれなかった。定時制高校に通うことは、労働や社会を問うための基礎学力を身に着けるものであるのと同時に、職場にはないデモクラティックな雰囲気を楽しむことを可能にした。

（2）進学組への憎悪

他方で、彼ら「就職組」は「進学組」への複雑な思いも抱いていた。それは、中学三年時の学校のあり方に起因していた。

高校進学率が上昇を続ける中、一九五八年の学習指導要領改訂に伴い、中学校では「能力別選択コース制」の導入が広く見られるようになった。それは高校進学予定者と就職予定者との間に、実質的な授業時間の差を設けることにつながった。また、進学希望者には英語や数学などの補習授業も行われたが、就職組の生徒は受講できないことが多かった。

就職組の生徒にしてみれば、定時制高校に進まない限り、人生で最後の学校教育が中学三年の時期であった。向学心のつよい生徒は、たとえ学校の勉強が就職後の人生に資するものがなくとも、彼らなりの知的な渇きを少しでも埋めようと、学校の勉強に勤しんだ。それだけに、補習授業から排除されるだけではなく、正規授業においても冷遇されることには、やり切れなさばかりが募った。就職組のある女子生徒は、「廊下ででもよいから英語の「補習」授業を受けさせてほしいのです」と綴っていた。(9) より高度な英語の学習にふれたいという強い思いがありながら、進学組との壁に阻まれるやるせなさが浮かび上がる。

「自習」の多さも、彼らの苛立ちを掻き立てた。教師たちは「もう就職きまったからいいねえ、外へ出て遊んでもいいんだよ」と放任したり、就職組の授業をしばしば「自習」とした。[10] だが、就職組の生徒は運動場で遊ぶことに満足したわけではなく、むしろ、自分たちが教師から見放されていることを感じ取っていた。何より、それは「人生で最後の学校教育の機会」が奪われることを意味していた。

こうした境遇にある就職組への進学組の視線は、冷たかった。彼らは往々にして就職組の生徒を「勉強ができない」とみなし、就職組とともに授業を受けることで、進度が遅くなることを毛嫌いするむきも見られた。英語や数学では正規授業時間で差が設けられ、受験用の補習授業も受けられないことを考えれば、就職組と進学組とのあいだに、教科理解の差が生じるのはやむを得なかったが、受験に焦る進学組にはそれを顧みる余裕は乏しかった。だとすれば、両者の間に不和が生じるのは当然だった。もともと彼らは小学校時代からの遊び仲間であった。それだけに、就職組生徒には進学組に裏切られたとの思いを抱くことも多く、両者の反目は根深いものとなった。それは感情のもつれにとどまるものではなく、暴力沙汰が頻発した。一九六〇年には福岡県のある中学校で、生徒一三名が授業中の教室で乱闘を繰り広げ、そのうちの一名が死亡するという事件があった。[11]

（3）通学をめぐる困難

勤労青年の定時制通学は、こうした悔しさを経たうえで選び取られたものだった。進学組への憧れや羨望がありつつ、そのゆえに反目も肥大化する。そのことが、安穏と勉強できる進学組とは異なる何かを求めることにつながったことは、想像に難くない。『キューポラのある街』で、定時制進学を決意したジュンの「たとえ勉強する時間は少なくても、働くことが別の意味の勉強になると思うの。いろんなこと、社会のことや何だとか」という台詞は、それを物語るものである。

もっとも、日常の仕事と定時制通学の両立は、大きな困難を伴っていた。夕刻に仕事を終えて、定時制高校に通学すると、授業をおおよそ一七時三〇分から二一時ごろまで受けることになる。そこから帰宅し、食事を済ませると、二二時ごろになってしまう。それから授業の予復習をしなければならないが、八時間ほどの睡眠を確保しようとすると、一時間ほどもそれに充てられればいいほうである。朝は七時に起床し、八時の始業に間に合わせなければならない。定時制高校に通わなければ、夕刻以降、六時間ほどの自由な時間があるわけだが、仕事後の授業と予復習に追われる定時制生には、日常生活で時間的な余裕はほとんどなかった。当然ながら、無理がたたって体調を壊し、定時制高校のみならず仕事までも辞めなければならないケースもあった。

かりに体調を崩さないにしても、疲労から授業時や予復習時には、居眠りをしてしまいがちだった。必然的に、授業の理解は不十分になりがちで、とくに数学や英語といった基礎からの積み上げを要する教科では、躓く生徒も少なくなかった。

また、定時制高校は全日制に比べて、図書室や理科実験室など設備が貧弱なことも多く、意欲が低い教師もときに見られた。

それ以前に、職場が定時制通学に冷淡なことも少なくなかった。定時制に通うことで残業ができないわけだが、それに不快の念を抱く同僚や上司が、終業直前に重い仕事を振ることもしばしば見られた。むろん、残業を強いられることで、通学できない日も珍しくはなく、そのことは必然的に学習理解の低迷につながった。

それでも、定時制高校卒業後に明るい未来が開けるのであれば、我慢のしようもあっただろうが、実際にはそれもあまり期待できなかった。大手企業は、全日制高卒者は積極的に採用しても、定時制の場合には入社試験の門戸を閉ざすことが多かった。定時制は学力が低い、よその会社の色に染まっているなどとして、採用を拒んでいた。また、定時制を卒業し、高卒学歴を取得しても、現在の勤務先で昇給があるわけでもなかった。定時制高校はたしかに高卒学歴を取得できたが、それでもって条件のいい会社への転職や現在の職場での待遇改善を期待できるものではなかった。

（4）定時制の退潮

これらの要因により、定時制高校生の中途退学率はきわめて高かった。全日制の場合、進級ごとの退学率は、全国平均で二%程度だったが、定時制の場合、その一〇倍に及んだ。なかには、一年次に学年で七〇名だったものが二年次には四〇名にまで落ち込むケースもあった。[12]

それでも、一九六〇年代半ばまでは、定時制生徒数はおおよそ五〇万人を維持していた。それは全日制を含めた高校生総数の一五―二〇%に相当した。[13]定時制への期待が醒めて退学する勤労青年が多くいた一方、それを埋め合わせるだけの生徒たちが、期待に胸を膨らませて定時制に入学していたというのが実態である。

だが、それ以降、高校進学率が八割近くに達するようになると、定時制への進学者は減少した。そもそも、中学を出て働く青年の数は、従来に比べて大きく減少していた。それは必然的に、定時制の入学倍率の低下をもたらし、「全日制に行けない人が行くところ」というイメージがつよくなった。

それに加えて、消費文化も急速に広がりを見せていた。また、中卒労働者の人手不足が言われる中、中小企業であっても、待遇や労働条件が改善されるようになった。

かつてであれば、定時制に「教養」を求め、「社会のことや何だとか」を学ぼうとする勤労青年が少なくなかったが、教育環境や労働環境の変化に伴い、こうした動きはあまり見られなくなった。

3　人生雑誌の盛衰

（1）通学の制約と人生雑誌

青年団・青年学級や定時制は、少なくとも一頃は一定の盛り上がりを見せたものの、そこに通えない層も存在した。集会や学校は、特定の時間にその場に行かなければならないため、時間的・空間的な制約を伴う。また、青年学級や定時制に飽き足らなさを覚える者もないではなかった。これらに集う者の基礎学力には大きな開きがあり、中学時代に学業優秀で読書への意欲がきわめて高い層からすれば、周囲に幻滅を覚えたことは否めない。

そうした者たちが手にしたのが、「人生雑誌」である。中学を出てすぐに働いた勤労青年たちを主要な読者とし、彼らの生活記録のほか、文学・思想・歴史・社会に関する知識人の論説、読書案内などが掲載されていた。今となっては忘れられたメディアではあるが、ノンエリート層向けに「人文系の読書を通じた人格陶冶」を促す教養主義的な雑誌だった。『葦』（葦会、一九四九年創刊）や『人生手帖』（文理書院、一九五二年創刊）が代表的なものである。

人生雑誌は一九五〇年代半ばに最盛を迎えた。『葦』『人生手帖』ともに発行部数は八万近くにのぼった。大手出版社から刊行されている総合雑誌（『中央公論』『世界』など）が同時期で一〇万部前後であったことを考えれば、決して小さな数字ではない。

週刊誌や新聞でも、人生雑誌ブームはたびたび取り上げられた。『週刊朝日』（一九五五年七月一七日号）は巻頭に「「人生雑誌」の秘密」と題した特集を組み、高校や大学に進学する「順調な若者」でもなければ、「マンボにうつつをぬかす」層でもない、「第三の若者」に支持されていることを特筆していた。

前述のように、一九五〇年代半ばは高校進学率が五〇％に達し、家計困難のゆえに上級学校に上がれない不遇感が強まっていた時期だった。進学をめぐる鬱屈が、人生雑誌を手に取り、「教養」を求める動きにつながっていた。

さらに言えば、人生雑誌の作り手も、じつは同様の経歴を歩んでいた。『葦』を立ち上げた山本茂実や同誌編集部の小澤和一、早乙女勝元、『葦』『人生手帖』の両誌で編集に携わった大和岩雄は、いずれも旧制中学や全日制高校に進めなかった。大和だけは、学費がかからないからという理由で、意に沿わない師範学校に進んだが、他の三名は高等小学校や新制中学を出たのち、働いて生計を支えていた。上級学校に進めなかった鬱屈と、教養や読書への憧れは、雑誌の作り手にも共通していた。人生雑誌を取り巻く人々に通じる複雑な情念を、大和岩雄は、以下のように記している。

僕が雑誌をつくっていたときの気持、それは、小学校のとき、進学組と就職組に、ただ家が貧しいからというそれだけの理由で分けられ、差別されたくやしい思いを、進学組の連中にはわからないだろうが、わかる連中に、ぶちまけた。それが「葦」であり、「人生手帖」であり、「青春の手帖」だった。これらの雑誌は、書き手も就職組、読み手も就職組、そして編集者も就職組なのだ。(14)

進学組と分け隔てられた「くやしい思い」を起点に人生雑誌が作られ、読者もこぞってそれを手にしたのである。

（2）想像の読者共同体

地理的・時間的な制約に拘束されない人生雑誌は、勤労青年の鬱屈や苦悶を見知らぬ読者と共有できるメディアだった。周囲に苦悩を同じくする者がいない勤労青年たちは、人生雑誌の読者投稿に、しばしば「語り合える友」を見出した。また、雑誌は書籍とは異なり、毎月定期的に刊行される。そのことも、見知らぬ読者との持続的な「つながり」をイメージさせた。それもあって、読者の手記や投稿に対して、別の読者がコメントを寄せ、それがまた別の読者の意見を引き出し、誌面に掲載されることもたびたびだった。単にページをめくるだけの受動性ではなく、「想像の読者共同体」への主体的な参加感覚が醸成されていたのである。

そこでは、「知的な集まり」に参加しているという自負も伴っていた。誌面を通して「生き方」を考え、人文社会系の論説や読書案内に触れることを考えれば、それは当然のことだった。そのことは、「マンボにうつつをぬかす連中」との差異化が意識されていたのと同時に、「進学組」への優位性も導かれていた。就職や進学といった「実利」のために勉強する進学組の姿勢は、邪なものでしかない。それに引き換え、人生雑誌を手にする勤労青年は、あくまで「真実の生き方」を模索し、そのために文学や思想といった人文知に触れようとする。人生雑誌は、進学組に対する勤労青年の劣位を反転させ、彼らへの優位を感じ取らせるものであった。

さらに言えば、読者投稿や生活記録の掲載も容易ではなかった。編集部に寄せられたもののうち、掲載に至るのは一〇分の一、ときには一〇〇分の一という狭き門だった。掲載に至った者からすれば、その筆力や教養が編集部に認められたことを意味する。同人誌ではなく、市販の商業誌に自らの文章が掲載される自負も、当然芽生えただろう。そのことも、進学組に勝るとも劣らないという感覚をもたらした。むろん、雑誌掲載に至ったのは、読者のなかのごく一部に過ぎなかったが、その他多くの読者にしても、教養の色彩を帯びた「想像の読者共同体」の一員であるとの思いが生まれていた。進学組への鬱屈から生まれた人生雑誌は、一面では彼らへの優位を醸し出すものでもあった。

もっとも、読者にとって、人生雑誌の購読は容易ではなかった。人生雑誌はしばしば左派的なスタンスで社会批判を展開し、労働問題や再軍備批判を論じた。マルクス主義系の論説が掲載されることもあった。あくまで「生き方」を扱う雑誌なだけに、微温的なものではあったが、左派的な姿勢は明らかだった。

それだけに、雇用主は従業員が人生雑誌を手にすることを毛嫌いしがちだった。人生雑誌の購読者や読者サークルへの参加者のなかには、解雇される者もあった。雇用主に隠れて読むことも容易ではなかった。中小零細の工場・商店に勤務する勤労青年たちは、住み込みの生活を送る者も多かった。それは、労働時間だけではなく、私生活までもが監視の目にさらされ、読書傾向を把握されることにつながった。人生雑誌の愛読者たちは、こうした息苦しさに耐えなければならなかった。

裏を返せば、人生雑誌を手にすることは、階層上昇の芽を摘み取ることに直結しやすかった。たしかに、勤労青年たちは、人生雑誌を通して進学組への劣位を反転させ、彼らへの優位すら感じさせた。だが、そのことは、実生活での困苦にもつながった。人生雑誌を読むことで、職場で白眼視され、ときには職すら追われてしまう。それは彼らが経済的に低い階級にとどまり続けるか、さらなる生活苦を強いられることを意味していた。

（3）反知性主義的知性主義

その一方で、人生雑誌には、知識人への反感も見られた。前述のように、人生雑誌には知識人による論説や読書案内が掲載され、また、読者投稿でも文学者や思想家の言葉を引いた文章は少なくなかった。そこには、明らかに知や教養への憧れが垣間見えた。だが、それと同時に、知識人への反発や不快感が見られたのも事実である。その根底にあったのは、知識人による文章の「難解さ」だった。彼らの難解な言葉遣いは、勤労青年たちを教養の世界から排除し、知識人のみで教養を占有しているように見えたのである。

教養の憧れは「知性主義」とも言えるだろうし、知識人への反感は「反知性主義」と言い換えることもできる。なぜ、この相反する両者が人生雑誌のなかで、同居できたのか。そこに色濃く見られたのは、「反知性主義的知性主義」とでも言うべき姿勢だった。たしかに知識人は批判の対象ではあったが、知や教養そのものが嫌悪されたわけではなかった。あくまで、難解な言葉遣いという壁を設けて、教養の世界から勤労青年を締め出そうとすることこそが、批判されていた。言うなれば、彼らは知識人批判の先に、知や教養、そして知識人の議論を求めていたのである。知への憧れの延長で知識人を批判し、知識人批判の延長で、知や教養を求める――こうした思考が、人生雑誌の中に色濃く溶け込んでいたのである。

こうした人生雑誌のありようには、青年学級や定時制との相違も透けて見える。両者の相違は、決して時間的・地理的制約の有無だけではない。青年団・青年学級は、直接人と交わるものだっただけに、どうしても基礎学力のギャップが目に付きやすかった。読書や勉学への意欲が高い層が、周囲に幻滅を覚え、かえって足が遠のくこともないではなかった。それに対し、人生雑誌の誌面は、教養への憧れに満ちていた。掲載されるものは、知識人の論説か、編集部の「査読」をくぐった読者投稿ばかりであり、読書や教養への関心の高さは、つねに誌面に満ち溢れていた。それもあって、人生雑誌は進学組への優位すら、感じさせた。人生雑誌は、青年学級や定時制に比べ、はるかに教養への憧れを加熱し続けるメディアであった。

（4）人生雑誌の衰退と中年文化

しかしながら、一九六〇年代になると、人生雑誌は明らかな停滞傾向を見せるようになった。六〇年代は言うまでもなく、六〇年安保闘争、ベトナム反戦運動、沖縄返還問題、大学紛争などが続発した「政治の季節」だった。「生き方」を扱う人生雑誌は、左派的な姿勢が見られたとはいえ、あくまで微温的なものであり、これらの運動に集う若者たちには物足りなく見えた。

それ以前に、高校進学率が急速に高まっていた。一九六五年には七割、一九七〇年には八割に達した。進学の問題は、「家計の問題」から「学力の問題」とみなされるようになり、上の学校に行けない鬱屈を学力との親和性が高い読書や教養に求める層は、明らかに目立たなくなった。当然ながら、「想像の読者共同体」もさほど求められなくなった。

さらに教養主義も衰退しつつあった。大学紛争を契機に、知識人は批判にさらされ、教養を通じた人格陶冶の規範は、大学生たちに共有されにくくなった。だとすれば、勤労青年たちのあいだで、それらの価値観がうすれるのも、当然だった。

こうしたなか、すでに『葦』は一九六〇年に内紛や経営悪化の末に自然消滅した。『人生手帖』は部数を大きく減らしつつも、六〇年代を乗り切ったが、その後、自然食や健康の問題を大きく扱うようになり、一九七四年には健康雑誌にリニューアルされた。

ただ、かといって大衆教養主義がこれで完全に潰えたわけでもない。たしかに、若者文化のなかでは教養主義の規範は受け入れられなくなったが、中年層のなかでは、必ずしもそうではなかった。哲学や思想、文学にふれるわけではないが、「歴史」への関心は高まっていた。ことに一九七〇年代後半から八〇年代半ばには、その動きが顕著だった。『歴史読本』『歴史と旅』といった大衆歴史雑誌が隆盛し、ビジネス誌『プレジデント』も歴史人物特集にシフトした。一時期低迷していた大河ドラマも復調し、司馬遼太郎作品も文庫化が進んだことで、読者を持続的に広く獲得するようになった。

奇しくも、この時期の中年層は、大衆教養主義が最高潮を迎えた一九五〇年代半ばに青春期を過ごした世代だった。抽象的な思想・哲学とも、また、あまりに緻密な実証史学とも異なるが、歴史の流れや人物の思考にふれながら「生き方」を模索しようとする点で、それは大衆教養主義の系譜に位置するものであった。

当時の労働環境も、そこには関わっていた。職能資格制度が広がりを見せ、ホワイトカラー、ブルーカラーともに、同一のシステムで昇進・昇給する労働モデルが、「標準」とみなされつつあった。それは、特定の職業技術を磨き、他社に移りながら好待遇を求めるのではなく、一社内でさまざまな部署に配置転換を繰り返しながら、管理職としての階段を昇っていく動きを定着させた。そこでは、あらゆる部署で求められる「組織人としての人格」「リーダーとしての生き方」が、模索された。上記の歴史ブームに触れたサラリーマンたちは、これらを念頭に置きつつ、「歴史」を通して「組織人としての生き方」を考えようとしたのである。(15)

4　現代の「大学と教養」をどう考えるか

（1）「空きコマ＝教養科目」

以上のような教養主義は、今日の社会ではほとんど顧みられるものではない。終身雇用が自明の前提ではなくなり、「ジョブ型雇用」が言われるなか、中年文化において「歴史（を含む人文知）を通した人格陶冶」はさほど求められるものではなくなった。ビジネス誌『プレジデント』が二〇〇〇年代頃から歴史人物路線を手放していることからも、そのことはうかがえる。

これから就職を控えた若い世代においては、なおさらである。大学は「よりよい就職」のための通過点であり、「実利を超越した何か」を求めるという発想は希薄だろう。毎年、大規模講義のなかで『キューポラのある街』を取り上げるが、冒頭であげたラストの場面、すなわち「社会のことや何だとか」を考えるためにあえて定時制高校を選び取るシーンについては、さほど共感できないという感想が圧倒的な大多数である。むろん、こうした学校観は何もわるいものではない。学校が社会移動の機能を担っていることは、疑いようのない事実である。

とはいえ、大学は「実利」のみにとらわれない視座を提供すべき場所でもある。人は決して職業人としてのみ生きるわけではない。家庭生活を含む私生活では、教育、福祉、ジェンダー、セクシュアリティなどの問題は避けては通れない。また、民主主義体制下の「市民」でもある以上、政治や社会を批判的に考える営みは、本来は誰にでも求められる。ことに教養教育は、その部分を担うものである。

もっとも、専門科目に比べれば、教養科目は分が悪い。それなりの関心があって学部・学科を選んでいる以上、専門科目はまだしも学生たちが学びたいと思うものではある。それに対して、教養科目はその範囲の外にあるものであり、消極的な履修が一般的だろう。いきおい、さまざまな教養科目のシラバスを見渡して受講科目を決めるのではなく、「空きコマ」を埋めるために、さして興味のない科目を登録することとなる。

だが、見ようによっては、そこに教養科目の一つの「可能性」があるようにも思われる。仕方なく履修したにもかかわらず、思いもよらなかった視座に出会い、視野が広がるということもあるだろう。「空きコマ」にしか履修されない教養科目は、そのゆえに「偶然の出会い」を促すものである。

(2)「偶然」の効用

このことは、ネット書店と店舗型書店(や図書館)になぞらえることができる。自らの関心の延長で履修を考える専門科目は、検索を要するネット書店に重なる。検索はそもそも、自らの関心や必要性があって、はじめて成り立つものである。これに対して、店舗型書店や図書館は必ずしもそうではない。むろん「欲しい本」を一直線に探しに行くこともあるが、それだけではなく、漫然とさまざまなコーナーを歩き、興味を引く書籍・雑誌がないか見渡そうとするものである。そこでの偶然の出会いから、新たな作家に出会ったり、思ってもみなかった方面に関心を広げることも少なくはない。もちろん、ネット書店でも「おすすめ」は表示されるが、それはあくまで購買履歴や検索履歴に基づくものであり、「まったくの偶然」とは異なる。「空きコマ」を埋めるために、偶然、履修登録された教養科目は、その意味で、店舗書店や図書館に重なっている。(16)

今日、大学進学率は、五〇%を超えている。それだけ多くの人々がさまざまな知にふれる点で、大学はいまや大衆的な「メディア」となっている。他方で、インターネットが現代社会の基軸メディアになっていることは否めない。SNSやAmazonなどを通して、「ほしい情報」「ほしいもの」は手に入りやすい時代である。だが、「大して興味がないもの」は、意外に視野には入りにくい。新聞、テレビといった網羅的に情報を扱うメディアの衰退も、こうした動向と表裏一体をなしている。そのような状況を考えれば、大学の教養科目は、多くの若者たちに「偶然の出会い」を可能にする例外的な「メディア」でもある。

もっとも、教養科目は大規模講義になりやすいという点も見落とすべきではない。複数学部にまたがる科目が少なくないことも、その要因の一つであろう。大手私大であれば、履修者数が三〇〇名や四〇〇名に及ぶこともまれではない。必然的に「一方向」的な授業スタイルが増えるのは否めない。

だが、それも見ようによっては「読書」の感覚に近いようにも思える。たしかに講義を「聴くだけ」のように見えるかもしれないが、実際には自問自答したり、身近な事柄に置き換えて考えたりと、受講者の中で、一種の「双方向」的な思考がなされていることは少なくない。そもそも深い思考や議論（output）のためには、相応の視座や知識を吸収すること（input）が不可欠なはずである。読書という行為が、必ずしも「受動的」な行為ではなく、自ら主体的に考える営みを誘発するのと同じく、講義形式の授業も、その表面上の授業スタイルとは異なり、「双方向」的な思考を導くものである。本章の例でいうならば、人生雑誌を読む行為は、まさにそのようなものであった。

（3）SNS時代と「教養」

いまやSNS等を通して、知識人ならずとも、自らの思考を公にすることは日常的なものになっている。だが、そこでは、論理性や根拠を欠いた思い込みのようなものも、広く流通している。排外的なナショナリズムや史実への目配りを欠いた歴史認識が多く出回り、「フェイク・ニュース」の広がりは加速している。そこでは、「人々の生や社会のあり方を、目に見える範囲を超えて、かつ根拠に基づいて、深く、多角的に考察しなければならない」という規範は見えにくい。むろん、「教養」がこれらを解決することはないにしても、自らの知識や理解が十全でないことを認めたうえで、それらを高める努力をしなければならないという謙虚さの有無は、「フェイク」の流布と無縁ではないだろう。

「空きコマ」で履修されがちな大学での教養科目に可能性があるとすれば、まさにその点ではないだろうか。自分の視野に入らないような社会や文化の問題を多角的に読み解き、歴史を踏まえながら長期的な視座で思考する。

それに向き合う契機を「偶然の出会い」のなかに、いかに散りばめていくか。勤労青年たちが「実利に閉じない教養」を求めた戦後史は、そこから遠く離れた現代の「大学と教養」をめぐる問題を浮き彫りにしている。

注

（1）神奈川県立教育研究所編『定時制高等学校生徒の生活意識に関する研究』神奈川県立教育研究所、一九六一年。

（2）格差・労働と大衆教養主義の戦後史については、拙著『「働く青年」と教養の戦後史――「人生雑誌」と読者のゆくえ――』（筑摩選書、二〇一七年）、『「勤労青年」の教養文化史』（岩波新書、二〇二〇年）、『司馬遼太郎の時代――歴史と大衆教養主義――』（中公新書、二〇二二年）参照。なお、定時制高校で「包摂」がいかに可能になったのかという観点から定時制について研究したものとして、佐川宏迪『定時制高校の教育社会学』（勁草書房、二〇二二年）がある。

（3）文部省編・発行『文部省年報　昭和五年上』一九三一年。同『日本の成長と教育』一九六二年、四三頁。

（4）「雑草族」『雑草』一九五四年二月号、三八頁。

（5）日本青年団協議会専門委員会編『渋谷町青年教育調査報告――大都市近郊村の一典型として――』青年団研究所、一九五五年、五一頁。

（6）日本青年団協議会『第二回全国青年問題研究集会　第二部会「青年の学習活動」第二分科会』日本青年団協議会、一九五六年、一〇二頁。

（7）吉川洋『高度成長』中公文庫、二〇一二年、一〇五頁。梅澤正「集団就職」『戦後史大事典　増補新版』三省堂、二〇〇五年、四一五頁。

（8）第一三回全国高等学校定時制通信制生徒生活体験発表大会事務局編『誇りある青春――働く高校生の生活と意見　2――』第一三回全国高等学校定時制通信制生徒生活体験発表大会事務局、一九六六年、八五頁。以下、『誇りある青春2』と略記。

（9）「進学組と就職組」『毎日新聞』一九六三年三月一二日。

（10）篠崎五六『進学――この嵐をどうきりぬけるか――』麦書房、一九六三年、一一六頁、一三二頁。

（11）『毎日新聞』一九六〇年三月一八日、夕刊。

（12）文部省『学校基本調査』昭和三五年度。前掲書『誇りある青春2』一六八頁。

（13）文部省『学校基本調査』各年度。

（14）　大和書房編・発行『大和書房三十年のあゆみ』一九九一年、五〇―五一頁。
（15）　拙著『司馬遼太郎の時代』中公新書、二〇二二年。
（16）　近現代のメディア変容と「偶然性」の衰退については、拙稿「現代メディア史と戦前・戦後の社会変容」浪田陽子・福間良明編『はじめてのメディア研究　第２版』（世界思想社、二〇二一年）参照。

付記　本研究はＪＳＰＳ科研費（２０Ｋ２０７９４）の成果の一部でもある。

第6章 地域学を創る
——生活に根ざす知の実践——

家中 茂

1 鳥取大学における地域学の実践

(1) 地域学部の開設

鳥取大学地域学部は二〇〇四年四月に開設された。いまでこそ「地域」を掲げる大学・学部は各地にみられるようになったが、当時はまだ聞き慣れない学部名称であった。そこでまず、地域学部が何を目指してきたのか、学部開設に至る経緯とあわせてみていこう。

地域学部ではこれまで「地域学」に関する書籍を八冊刊行している。[1] いずれも地域学の講義や実習を通じて探求してきたことをまとめたものである。私たちが講義に臨んだ姿勢は、地域学は、既存の学問領域とは違って、教員と学生がともになって創りあげていくということであった。また地域学と問題関心において通底する実践が同時代的に各地各領域で立ちあがってきており、地域学はその実践に学びつつ創っていくことであった。地域学系の大学・学部がその後次々と開設されていったのもこのような社会背景があってのことといえよう。[2]

鳥取大学地域学部の前身は、鳥取大学設置時(一九四九年)の学芸部である(さらにさかのぼると明治期の鳥取師範学校・鳥取青年師範学校となる)。それが一九六五年に教育学部と教養部に分かれて改組され、その後一九九七年に教養部が廃止され（一九九一年大学設置基準改正「大綱化」により一般教育と専門教育の区分が廃止）、教養部教員の多くが教育学部に配属され、一九九九年に教育学部が教育地域科学部に改組し、そして二〇〇四年に地域学部の開設に至った。

二〇〇一年、国立大学の法人化に加えて、県域を超えた再編統合も含む教員養成系学部の構造改革、いわゆる「遠山プラン」が提示され、一県一教育学部という制度が見直されることになった。そこで鳥取大学と島根大学の間で、島根大学を教員養成担当大学とし、鳥取大学の教育地域科学部は教員養成機能を併せもつ一般大学（学部）とする協定を結んだ（二〇〇二年三月）。その背景には鳥取大学の教育学部学生定員（一八〇名）に対する鳥取県の教員採用枠（三〇名）の不均衡があり、小手先の対策で済むものではなく抜本的な学部改革をせざるを得ない事情があった。これを契機に「地域学部」の構想が立ちあがってきたのである。(3)

二〇〇三年に鳥取大学が文部科学省に提出した「地域学部設置構想」では、地域を「人々が生活している空間の広がりと、そこにおける社会関係を示すもの」と定義したうえで、「地域とは、特定地域を対象としているものではなく、普遍的な視点をもち、その内容も規模も様々な地域が地球上に存在し、その全体が世界を形成している。今日人々が生きていくうえで解決を迫られる多くの問題は、この地域をベースとして考えられるべきである」とし、「人々の生活のあり方は、自助・協同・市場及び公共という四つの領域から成ると捉えられ、地域学部は、このうち地域の公共性を教育・研究の対象とする」と提示した。これに対して文部科学省からは「地域科学部」という名称を強く求められたが、地域学は地域科学より広い概念であり、哲学や芸術も含み、価値を扱うディシプリンを包含するという主張を貫き「地域学部」として認可された。(4)

このときの改組で注目されるのは、教員一〇名の新規採用枠を確保し、そのうち八名を地域政策学科に割り当てたことである。学部名称だけ変えて教員はもとのままということがしばしばみられるなかで、改組に伴う新規採用は画期的なことであった。また地域教育科学部の教員定員一〇四名を、地域学部では七五名に削減した。(5)

以上の経緯をみると、地域学部が教育学部をベースとしながらも、一九九七年に廃止された教養部を新しい時代の要請に応えるべく新たな理念のもとに再構築したとみることもできるだろう。「地域を見る広い視野と専門の方法論、実践力」を兼ね備えた「地域の持続可能な発展を担うことのできるキーパーソン」の育成を目標とする学部に刷新したのである。そのために設定したのが「地域」というフレームであった。それゆえ「いまなぜ地域なのか」という問いに応えることが、地域学部にとっての根本的な命題となったのである。

（2）地域学部の教育研究体制

鳥取大学地域学部は「地域学の確立」をミッションとし、そのために学部長を代表とし全学部教員によって構成される地域学研究会を組織し、その下に同幹事会を設置した。幹事会は各学科教員によって運営され、地域学部必修の「地域学入門」（一年次）、「地域学総説」（三年次）のカリキュラム編成、地域学研究例会（月一回教授会後）や地域学研究大会（年一回）の企画を担当する。『地域学研究』と改称した学部紀要の編集委員長も幹事が務める。地域学の確立のためにもっとも力を入れたのが、必修授業の「地域学入門」と「地域学総説」である。地域学と相通じる実践が各地各領域で生まれてきているという認識のもとに学外講師を多く招き、地域学にそのエッセンスを組み入れるとともに、学外にひらいて公開講座としてきた。地域学研究大会ではそのときどきの状況のなかで学部にとって必要とされる課題を設定し、それにふさわしい開催形式をとってひろく学内外へ地域学の問題関心と実践成果の発信に努めた。

地域学教育のうえでの大きな特徴は、学部生が学科を越えて一同に受講する必修授業を一年次のみならず、三年次にも設けたことである。それだけにオムニバス的な内容で済ますことはできず、「地域」を横串とした「学際」的な観点からカリキュラムが構成された。それだけでなく、学生が地域を担うキーパーソンとして成長することを期待して、多様な知のありようを受けとめ、多領域にわたるステークホルダー（課題解決の当事者）をつなぐという「超学際」的な観点が組み込まれた。また三年次ともなれば就職活動が話題となるが、そのとき重要なポイントは、学生が自らの言葉で「地域学とは何か」と語れるかである（学生は「地域学士」を授与される）。であるならば、教員自身が自らの言葉で「地域学」を語れなければならないのは当然のことであろう。この当然のことを実直に積み重ねてきたのが「地域学総説」であった。まさしく地域学の講義実践を通じて『地域の知』『生活の知』に学び、『学術的な知』との往復運動を通して、時代の切実な要請に応える地域学を創ろうとしてきたのである(6)。

（3）地域を捉える五つの視点

それでは、私たちが「地域学入門」や「地域学総説」を通じて創りあげてきた地域学はどのような輪郭をもっているのだろうか。二〇一一年に出版した『地域学入門』では、地域を捉える基本的な視点を提示した。「客観的構造的な視点」「生活の視点」「わたしからの視点」「移動の視点」「歴史的な視点」の五つである。同書のなかでは「客観的構造的な視点」として第7章「地形から地域を読む」と第8章「経済が地域に及ぼす影響」が、「生活の視点」として第2章「生活のなかから生まれる学問――地域学への潮流――」が、「わたしからの視点」として第5章「生きられる地域のリアリティ――反省の学として――」が、「移動の視点」として第6章「人の移動から地域を問う」が対応する。なお「歴史的な視点」は出版時には十分に練られていなかったが、二〇一一年に起きた東日本大震災から受けとめたことをもとにあらためて組み込まれた。

共編者の柳原邦光が地域学について講義のなかで整理している。重要な論点なので確認しておきたい。

地域学は自然や過去など「他者」との様々な関係性のなかで一人ひとりの生を捉えようとする。その関係性の端緒、関係性の束とでもいうべきものが「地域」である。この捉え方にしたがえば、必然的に、まずは具体的な生活・暮らしに目を向けて、「ローカルな世界」を見つめ、尊重することになる。そしてそこから「まなざし」を少しずつ大きな世界に広げていくのである。したがって、地域学は「近代的世界の見直し」という性格

を色濃くもっている。(7)

それでは、現代において見直しを求められる「近代的世界」とはどのような特徴をもっているのだろうか。西洋近代史を専門とする柳原は次のように分析する。

> 近代的世界は「ローカルであること」を解体しながら普遍的世界をつくりだし、そこに人々をのみ込んできた。……要するに、普遍性と抽象的な個人とを理想とする近代の理念は、自然や過去などとの様々な関係から人々を切り離し、それによって人々の視野を狭め、複雑な諸関係のなかで展開される生活の様々な側面と、それが人の生にとってもつ意味とを見えなくしてしまった。人々は様々なつながりを失って根なし草のように「漂流する個人」になったのである。したがって、重要なのは、普遍性にのみ価値を見出す「精神の習慣」から自らを解放し、諸関係を取り戻すことである。他者との関係的な世界を通して個人が形成され、その関係を通して自ずと他者とともに生きていくことができるような社会、自然を含めて労働や生活の様々な面で人々が結び合って、安心と無事のなかで暮らすことができる世界である。(8)

このような問題関心を私たちは講義実践を通じて形成し共有してきた。そこから「〈つながり〉をとりもどす」というキーワードを『地域学入門』のサブタイトルとし、地域学を次のように規定したのである。

> 地域学は「本当に必要なことは何か、大事なことは何か」を問い、「わたし」と「生活」から、自然との関係をはじめ様々な関係を見直し結び直して、一人ひとりの「生の充実」と「誰もが生きられる状態」の実現に寄与することを目指している。このような意味で地域学は「実践の学」である。(9)

以上、鳥取大学における「地域学を創る」実践について確認してきた。そのなかで私が提起したのは「生活の視点」であった。その視点から地域学は次のように位置づけられる。

地域学が根本的に他の学問と異なるのは、「地域」という研究対象の新しさではなく、「地域のなかで考える、地域とともに考える」という研究の立場そのものだからである。(10)

それでは、なぜ「生活の視点」を重視するのか、「生活のなかから生まれる学問」とはどのようなものなのか、私自身のこれまでの実践からたどってみたい。

2　生活のなかから生まれる学問

(1)　水俣一人芝居『天の魚《いお》』——水俣の表現者たち——

私は、縁あって、水俣一人芝居の旅に同行する機会を得た。(11)石牟礼道子さんの『苦海浄土』の一節を、もと新劇俳優の砂田明さんが一人芝居「現代夢幻能『天の魚』」に脚色し、一九八〇年二月の東京・浅草公演を皮切りに全国行脚の旅に出た（一九八〇年紀伊國屋演劇賞特別賞）。(12)一九九二年一一月まで五五六回にわたって上演されたその一人芝居のはじめの三年間を集中的に、その後は機会あるごとに舞台監督として付き添った。水俣に心寄せる人たちが勧進元となって興行を打つ形式で、招かれればどこにでも赴いて演劇空間を創出する旅であった。天の運行と人の営みが相交わって発生する「不知火」にちなんで、砂田さんは自らの演劇活動を「不知火座」と呼んだ。それは「わが水俣病」を一人ひとりの心に刻み、水俣の霊を招き寄せ、魂を賦活する鎮魂の儀式であった。私自身は演劇の経験はなく、この舞台づくりを通じて、表現するという行為の質がどのあたりに発するのか、身をもって覚えた。

水俣の表現者たちに多くを学ばせていただいた。(13)

当時はまだ環境問題という言葉は使われてなく、反公害運動や有機農業運動を担う人々、あるいは仏教やキリスト教など宗教者たちが勧進元となって下さった。一九八〇年代はアジア民衆演劇が活発であり、フィリピンで開催された「アジア民衆演劇ワークショップ」で上演したこともあった。いわば日本の草の根住民運動の広がりの真っ只中にいたといってよいだろう。そこに沖縄県石垣島の白保《しらほ》サンゴ礁との出会いを得たのである。

(2) 白保サンゴ礁――漁業権を通じて「むら」を知る――

一九七九年に沖縄県が発表した新石垣空港建設計画は、石垣島白保地先のサンゴ礁一〇〇ヘクタール余の埋立計画を伴うものであり、八重山郡三市町（石垣市、竹富町、与那国町）および諸団体あげて推進していた。それに対して白保住民は公民館総会決議をあげ、(14)住民総意のもとに埋立阻止活動を展開していた。そのことを知って私が白保を訪れたのは一九八三年であった。一九七二年の本土復帰以降、社会資本を充実させるために公共土木事業が大規模に進められ、その結果、埋立による破壊はもちろんのこと、陸域の開発に伴う土壌流出（赤土流出汚染）によって沖縄のサンゴ礁は壊滅状態にあった。(15)そのなかで白保サンゴ礁は琉球弧に残された健全なサンゴ礁として注目され、北半球最大最古のアオサンゴ群落の存在が確認された。しかし白保サンゴ礁が人々の心をうったのは、生態系のすばらしさだけではない。戦中戦後の苦しいときに生きながらえることができたのはこの海のおかげであると、白保住民がかたく思っていたことであった。

去る大東亜戦争のため、部落の近くに飛行場があったため戦争が激しくなったので避難命令が下り、山中に追いやられ、慣れない山中生活のため家族全員親子七人がマラリヤでたおれ、枕を並べてしまった。主人は招集され、女一人の身で、米はなし芋はなし、ソテツの実にかじりつき、東の海に出て海藻をとり貝類をとり、毎日のように海あさりに出、戦後の苦しい食糧難を生き抜き、ようやく家族は健康をとりもどし、生き延びてきたのです。当時の苦しみを思い出すと身震い、いやな感じになり、この海がなかったらすでに死んだ身であっただろうと、狂うほど私にとってはこの海は命の母だ、宝だ。絶対つくらせてはならない。新空港建設絶対反対。命とりの空港だ。断念せよ、断念せよ。(16)

白保住民が孤立無援のなかで地先サンゴ礁埋立阻止に立ちあがっていたことを知り、その思いを受けとめ徹底して次の三つのことに取り組んだ。(17)①およそあらゆるメディアを通じて日本中の視線が白保サンゴ礁に注がれていること、②白保サンゴ礁の科学的調査を実施してその評価を明らかにし国際世論を喚起すること、③公共用水面（公有水面）埋立の法手続きを阻止するために漁業権の理解を徹底して深めること。ここでは特に漁業権について取り上げたい。

漁業権は、いまでこそ伝統的なコモンズであり、漁民による自主的な資源管理として世界的に評価されているが、(18)当時はまだ、漁民が海を売ってその代価として補償金をもらうかのような誤った理解が一般的であった。白保サンゴ礁の埋立阻止活動がひろく知られるようになると、実に多くの研究者、法律家、活動家が白保を訪れるようになった。しかし、そのすべてがといってよいほどに漁業権を誤って理解していた。(19)

一方、白保住民は、漁業権が慣習に基づく権利であることから、日常的に海を利用してきた自らの経験から漁業権を正確に理解することができた。漁業権確認訴訟（第一次漁業権裁判）のときから熊本一規さんによる勉強会を繰り返しもって漁業権について理解を深め、(20)「漁業補償金不受理」宣言をあげていた。たとえ公有水面埋立免許がおりたとしても、漁業補償金を受け取らない限り、漁業権が「総有の権利」であることから埋立同意および着工同意は法的に形成されず、埋立竣工認可まで存続する漁業権に基づき（漁業権の物権的権利として）妨害排除（工事差止）ができるという法解釈にのっとった闘いを続けていたのである。ここで「生活の視点」から重要なことは、白保住民が自らの生活の経験に基づいて漁業権の法理をわがものとしていたことである。[21]

私にとっての大きな経験は、漁業権理解を通じて「むら」（村落）というものを知ることができたことである。漁業権は、「法例二条」に公序良俗に反しない慣習は法律と同じ効力をもつと規定され、入会権や慣行水利権とおなじく明治期以前の慣習が権利として法認されたものである。[22] 漁業法は漁業権免許の手続きを規定したものであり、漁業権そのものを扱ってはいない。そのことから漁業権免許にあたって慣習上の権利である漁業権を侵害しないように漁業法が構成されており、それゆえ漁業法を読み込むと漁業権の主体としての村落（入会集団）が浮き彫りにされてくるのであった。明治漁業法の制定にあたって入会集団（実在的総合人）に「法人のマント」を被せたという喩えがあるが、[23] 一八八九（明治二二）年の町村制により現代の法体系においてはみえなくなった村落がその姿を現してきたのである。

（3）生活論との出会い――国学系譜の社会学――

白保住民がなぜ漁業補償金不受理の闘いをしていたのか、そこからみえてきた「むら」の姿についていったいどのように表現したらよいのか思いあぐねていた。映画や写真が撮れるならドキュメンタリーとして記録できただろう。しかしながら自分にはその経験も技術もない。そのような思いを抱えていたとき、たまたま紹介されて琵琶湖研究所の嘱託をしているときに知ったのが、当時琵琶湖博物館開設準備室にいた嘉田由紀子さんらの「生活環境主義」の理論構築であった。[24] そこから鳥越皓之さんの「環境権と本源的所有――共同体論から環境問題への接近――」という論文にたどりついた。[25]

その論文は、民俗学者の桜井徳太郎が水俣病について調査したとき、水俣市内や水俣市近郊では住民運動が初期段階で崩壊するのに対して漁村地区では運動が粘り強く繰り広げられていたことをとりあげて、近代化された市民社会が成立するためにはそれ以前の封建的共同体が解体されなければならないという通説に従うなら、抵抗の拠点を解体しろということになると疑問を投げかけたこと[26]を引き合いに、村落社会研究の蓄積をもとに共同体論から環境権へのアプローチを論じたものであった。驚いたことに、そこには白保で語り合ったことがそのまま書かれていたのである。まず思ったのは、どうしてアカデミズムの人がこのようなことがわかるのだろうかということだった。白保を訪れた研究者、法律家、活動家は、土地に暮らす人々のあいだに生活のなかから生み出される思想や洞察があるということに気づきさえしていなかった。

この論文が依拠した村落社会研究の蓄積とは、日本村落研究学会において「戦後日本の村落が、村落範域の土地に対する利用、処分に就いて関与する機能、あるいはそれを管理する自立的な機能を備えているものであるか否か[27]」と論じてきたことであり、村落の土地所有の二重性や総有論、本源的所有論などの議論であった[28]。

近代的所有である私的所有が「あるか・ないか」の「排他的独占的」権利であるのに対して、所有の本源的性格に基づく権利は、働きかけに応じて「濃淡のある」権利として現れる。歴史を通じて、土地所有の管理の主体は入れ替わってきたが、しかし一貫して、その土地に住む者の権利は認められてきた。それがすなわち「働きかけに応じて権利が発生する」という所有の本源的性格に基づく権利である[29]。このことは、白保住民のあいだで語られていた空港問題における「地元」とは白保であり、白保の同意なく地先サンゴ礁の埋立はできないという主張を学術的に裏づけるものであった。次のように締めくくられる論文の「水保」を「白保」とおきかえれば、そっくりそのままあてはまるのだった。

> 歴史をふりかえるとき、なぜ平和を希求する農民や漁民が、ときにあのような大きな騒擾をくわだてたりしたのであろうか、という疑問がわく。……人民が本来的にもっている「所有の本源的性格にもとづく権利」が否定されたとき、それに抵抗する以外にいかなる道が残されていようか。近くはたとえば、水保がそうであった[30]。
>
> （傍点引用者）

白保でみたような人々が抱く根源的な問いかけに対する考察がなぜ可能であったのか。聞けば、「国学系譜の社会学」という学統があるという。それが村落社会研究における「生活論」や「生活環境主義」であった(31)。

生活環境主義が依拠したのは有賀喜左衛門の生活論である。有賀は、柳田国男の民俗学の「心意」を「生活意識」と読み替えて引き継ぎ、「心意」はまた本居宣長の国学の「もののあわれ」を引き継ぎ、さらに中世歌論にまで遡ることができるという。そこから有賀の生活論を「国学系譜の社会学」と位置づけることができる(32)。そこには人々にとっての切実な問いに向き合うという学問の実践性が息づいている。

生活環境主義が「生活の立場」に立つのは、当該社会の居住者は固有の生活組織と生活意識なしには生きてこれなかったと考えるからである。生活は具体的な形態をもって社会的に組織化されて営まれており、生活の組織化を通じてその時々の生活条件に対応していく。そのときの選択の基準となるのが生活意識である。環境問題もまた生活条件の変化として現れてくるのであり、それへの対応を通じて生活組織が再編されていく過程のなかに生活の論理を見出すことができる(33)。

近年の環境政策では、二次的自然である田圃や里山が生物多様性の観点から重要視されるようになっているが、おなじく人の手が加えられた自然をとりあげても、民俗学はそこに「心意」の現れをみるのである。生活環境主義が対象とするのも人々によって「経験される自然」であって、それはときに生活組織を介して環境問題に対する人々の意思決定に結びつく。私が白保住民の地先サンゴ礁埋立阻止活動のなかに見出したのは、この「生活の論理」であり、人々によって「経験される自然」であったのだ(34)。

（4）方法としての沖縄研究——民間学の系譜——

沖縄大学地域研究所にいたとき企画したのが、連続シンポジウム「方法としての沖縄研究」であった（二〇〇二年一二月から二〇〇四年一二月にかけて全八回開催）。企画にあたって、現代の沖縄が抱える諸問題への関心を基本に据えつつ、より根源的な問いかけに重きをおいた。沖縄の島々で真摯に生業に勤しんでいる人々が抱えざるを得ない己のあり方への問いかけに応答するようなものとして、はたして現在、沖縄での学問研究が営まれているだろうか。そもそも何を研究の対象として取り上げるのか、それをどういう観点から「問題」とするのか。研究にあたって問題構築の過程そのもののなかに、自分自身と沖縄という地域との切り結びがある。自身の生き方を問う過程のなかで対象が立ち現れ、その対象を取り扱う過程のなかで既存の方法論や分析枠組が対象化され組み換えられる。それは学問の外に「運動」や「実践」をおくことではなく――学問研究に内在する論理や価値を問うことのない、大学人という社会的地位を利用しただけの環境運動や政治活動などではなく――、まさしく運動としての学問であり、「実践としての学問」である。「生き方としての学問」と言い換えてもよいだろう。「沖縄でこそ可能性のある地域研究とは何か」という企画の意図はそこにあった[35]。

この連続シンポジウムを通じて学んだことの一つに「民間学」がある。民間学とは、帝国大学の創設にみられる日本近代の学問の正統がつくりだされる時期に、そのいわば「富国強兵学」に対抗するようにして、生活者のなかから生まれてきた学問であり、思想史家の鹿野政直氏が名づけた[36]。一九一〇年前後から一九二〇年代にかけて、柳田国男、南方熊楠、折口信夫、金田一京助、伊波普猷、柳宗悦、今和次郎、津田左右吉、高群逸枝、喜田貞吉ら学問上の巨人たちが陸続と現れたことを「時代精神というほかない新機運の興起[37]」と評した鹿野は、民間学の特徴を次のように論じている。

創始者には、学問を彼岸から此岸へとり戻そうという気魄が脈打っていた。その場合、取り戻すとは、国家ないしアカデミズムから民間の手へということとともに、輸入型の学問が主導権を握っている状態から、自前の学問を育て、その意味で日本の学問を自立させようというとの志向を含んでいた。そうして後者の志向は、ほかならぬ日本人の生活を対象にしているという点でつよめられた[38]。

鹿野が鶴見俊輔らと編んだ『民間学事典』にも次の記述がある。

> 明治にあった思いこみは、海外にすぐれた学問の体系があって、それを早く学習し応用するということだった。明治以前の学問とのつながりは、かくしてそこで断ち切られた。その切断は、前時代との切断だけでなく、学問をになう個人の過去・未来にもおよぶ。人は生まれてくるや問題に投げ込まれ、問題を背負わされ、問題を探り当てようとし、問題と取り組む。学校はそういう自分の問題をかっこにいれる。[39]
>
> 私たちが生きていること、やがて死を迎えるなかに自分の問題を探りあてることを学問の道と認めるならば、そこに育つ学問は民間学である[40]（傍点引用者）。

この「民間学」を「地域学」とおきかえれば、地域学が目指す学問的実践がどのようなものか理解されるだろう。ここに「生活のなかから生まれる学問」の先駆が見出されるのである[41]。

（5）地域主導の科学者コミュニティ――超学際へ向けて――

沖縄大学地域研究所連続シンポジウムにおいては他にも既存のアカデミズムを乗り越える知のあり方について問題提起があった。生態学者の佐藤哲による「ユーザーを意識した知識生産」である[42]。

佐藤は、環境問題において科学が問題解決に資する知識を生産しているのに、人々がそれを活用しないのはなぜかと自問する。そして佐藤は「ユーザーを意識した知識生産」こそ科学に求められている変革だと気づく。問題解決のための科学は、研究にとりかかるそもそもの段階から当事者である知識のユーザーを想定し、多様なユーザーが求める知識、活用しやすい知識を生産して、ユーザーに確実に届くように的確な言葉で語らなくてはいけない。

そうしてこそ、科学的知識は人々の日々の生活の意思決定の基盤である「土着的知識」と融合し、人々にとって問題解決のための知識となる。このときの問題提起が発展して「地域主導の科学者コミュニティの創生」（JST-RISTEX「科学と社会の相互作用」研究開発領域／代表：佐藤哲　二〇〇八～二〇一二年度）へとつながった。ここで「地域主導の」とあるのは、既存の科学者コミュニティとして「ジャーナル共同体」を念頭においてである。

ジャーナル共同体とは、学術専門誌の編集・投稿・査読活動を行うコミュニティのことであって、「ジャーナル共同体の知識の審判機構が、現代科学者の専門主義の源泉[43]」となる。それにより政治的判断などに影響されずに学問の自由や普遍性は担保されるものの、現代では科学技術が関係する社会的課題について公共的な判断が求められているにもかかわらず、ジャーナル共同体を単位に構築される「妥当性限界[44]」を超えて、科学には判断ができないのである。それではいかに科学的合理性と社会的合理性の乖離を越えるのか。そこから「地域主導の科学者コミュニティ」というアイデアが生まれた。そして「レジデント型研究」が提起され[45]、多様なステークホルダーの知識生産を統合し融合させる「トランスディシプリナリー・サイエンス（超学際的科学）」が提唱された[46]。

以上から『地域学入門』において提起した「生活の視点」が、民間学や超学際と通底していることが理解されるだろう。すなわち「クリエイティビティは、芸術家や専門研究者だけのものではなく、日々の暮らしの中で人々によって発揮されている。また、人々が相互に語りあい支えあう日々の蓄積を通じて、クリエイティビティの拠りどころが形成される。鳥取大学地域学部は、そのような一人一人のクリエイティビティの発揮を促し支える拠点を目指して開設された（二〇〇四年）といってよい。そのことからまた、地域学は、当初からいまでいう『超学際／トランスディシプリナリー』な学問の実践を指向していたといえる[47]」のである。

3　地域学における実践性
――生活者のプラグマティズム――

以上、「生活の視点」をなぜ重視するのか、「生活のなかから生まれる学問」とはどのようなものなのか、私自身の実践を振り返ることからみてきた。言い換えると、それらは「生活に根ざす知」の実践と捉えることもできるだろう。そこで最後に、そのことが本書の「教養知探求の研究運動」(48)とどのように関わるのか、地域学における実践性について考えることからみておこう。

プラグマティズムを提唱したパースの記号論(49)について、情報学者の西垣通は次のように述べている。

パースによれば、世界は解釈者と関係なく客観的に存立するのではない。世界は、知覚されたもの（記号表現）から推量の過程を積み重ねて、解釈者のなかに堆積された意味内容と経験がつくりあげるとされるのである。(50)

このように客観的な世界の存在を前提とせず、基礎情報学は「生命体にとって情報とは何か」という問いを一貫して追求してきた(51)。あらゆる情報は、基本的に生命体による認知や観察と結びついた「生命情報」であり、それは生物にとって「意味」あるものであって「価値」に等しく、生存のための選択行為に伴い生物の内部に発生する。その生命情報のごく一部がヒトによる観察・記述を経て「社会情報」（広義の情報）へと転換され、さらに多義性や揺らぎを縮減して意味解釈の必要ない「機械情報」（狭義の情報）が出現する（ただし機械情報において意味内容は捨象されるのではなく潜在化する）。情報とはほんらい生命情報であり、時々刻々変化する状況に対応して創出され続けるにもかかわらず、現代におけるすべての情報の疑似機械情報化の進行は、社会を効率化する一方で、新たな状況に柔軟に対応していく創造性を奪うことにつながる(52)。

知識もまた自らの経験を通じて内的に構成されるのであり、それによって生存の可能性を拡大していくのである。個人の直接の経験に基づいて構成されるのが「経験的抽象化」であり、言語の働きを介するのが「反省的抽象化」である。それらが個々人の具体的イメージと結びついているのに対して、概念どうしの論理関係によるのが「社会的抽象化」である。それは個別具体的なイメージが捨象された「普遍的概念」であり、他人によって構成されたものとして立ち現れ、所与のものとして受けとめ学習し記憶することになる。そのため権威あるものとされ、自らの経験に基づいて改変することはありえず、圧倒的な支配力をもつ(53)。

学生が大学に入学して学ぶのは、抽象的で普遍性をもつ学術的知識であり、個々人の経験から離れた「普遍的概念」であって、支配力をもつ権威ある知識である。そのような「普遍的概念」の操作に巧みで、できるだけ早く習得できる学生が成績優秀と評価される。それに対して「地域の現場で立ちあがってくる『生きた知(54)』」に学び学生とともに創りあげてきた地域学の実践は、知識形成のあり方に対する問題提起であったといってよいだろう(55)。

地域学教育において、一年次の「地域学入門」と三年次の「地域学総説」に注力してきたことはすでに述べたとおりである。そのうえで私が地域学教育の要として重視しているのが卒業研究である。学生にとって卒業研究を通じて論文（以下、卒論）を書くことは、まさしく地域学の実践を自ら試みることだといえる。その経験を通じて自らの言葉で「地域学」について語れるようになるのである。卒論指導において私は学生に次のように伝えている。卒論は自分にとって切実なことを書く。それはこれからの自分の生き方を支えてくれるものとなる。感動したこと大切だと思ったことを書けるようになることだといってもよい。それとともに重要なことは、自分にとって切実なことが同時に人々にとっても切実な課題であるとひらいていくことである。そのような意味で、卒論を書くことはパブリックな行為である。

ここで「自分の生き方を支える」とは、民俗学や国学でいう「実学」の考え方である。「実学」とは、実用の学にとどまらず、「実たる学」として（「虚学」ではなく）、一人ひとりの生活のなかから生まれ、その生活実践を支え

る意味での「実践の学」を指す。(56)

「自分の生き方を支える」学問のあり方について、私は鶴見俊輔さんからも多くを学んできた。(57) 人々の生活において実践的であるとは、「自分の置かれた状況をまず理解し、そこから問題をつかまえようとする」(58) ことにある。そのとき手掛かりとするのは、自分の身体や身近な生活のなかの具体的な経験である。そのことを鶴見さんは「プラグマティズム」について語るなかで、「目安を立てる」ことだといっている。

「目安を立てる」ということがある。今生きている状況の中で、このへんを標準にして考えてみましょうという目安。それがプラグマティズムだと私は思っている。そこには、状況の中での個人の決断があり、ある種の倫理、価値判断が前提としてある。(59)

必ずしも卒業生が専門的な研究に従事するわけではない地域学部において、プラグマティズムの考え方が重要であると思われるのは、学生が学び身につける知識やものの考え方が、科学者のジャーナル共同体に回収されるようなものとしてではなく、日々の生活のなかでいかに自らを生きるのか、その確かさをどこに求めるのかという関心からである。地域学の講義を通じて「地域を捉える視点」を探求してきたのも、「本当に必要なことは何か、大事なことは何か」という問いを確かなものとするためであった。言い換えれば、この問いのなかにこそ、地域学における実践性を見出すことができる。それは自らの生き方を支える知を探求することのなかに現れる実践性であって、「生活者のプラグマティズム」といい得るものである。本書の掲げる「教養知」もそのような知の探求運動を目指していると捉えることができるだろう。

注

（1）　藤井正・光多長温・小野達也・家中茂編『地域政策入門――未来に向けた地域づくり――』ミネルヴァ書房、二〇〇八年。岡田昭明編『地域環境学への招待――人と自然の共生・地域資源の活用をめざして――』三恵社、二〇〇九年。柳原邦光・光多長温・家中茂・仲野誠編『地域学入門――〈つながり〉をとりもどす――』ミネルヴァ書房、二〇一一年。中朋美・小笠原拓・田川公太朗・筒井一伸・永松大編『インターローカル――つながる地域と海外――』筑波書房、二〇一七年。家中茂・藤井正・小野達也・山下博樹編『新版 地域政策入門――地域創造の時代に――』ミネルヴァ書房、二〇一九年。野田邦弘・小泉元宏・竹内潔・家中茂編『アートがひらく地域のこれから――クリエイティビティを生かす社会へ――』ミネルヴァ書房、二〇二〇年。山根俊喜・武田信吾・今井典夫・藤井正・筒井一伸編『学びが地域を創る――ふつうの普通科高校の地域協働物語――』学事出版、二〇二二年。

（2）　地域学研究大会第一回開催時に（二〇〇五年）、国立大学地域学系大学・学部等連携協議会が設立された（設立時五校）。現在、北海道教育大学、弘前大学、山形大学、宇都宮大学、鳥取大学、愛媛大学、宮崎大学、金沢大学、岐阜大学、徳島大学の一〇校が加入している。

（3）　鳥取大学地域学部地域政策学科「選挙学から地域学へ――永山正男先生のご業績――」『地域学論集』第一一巻第三号、二〇一五年、一―二一頁。山根俊喜「鳥取大学地域学部における教員の養成と採用」『地域教育学研究』第四巻第一号、二〇一二年、一―八頁。鳥取大学創立70周年記念誌編集・刊行委員会『鳥取大学70年史』鳥取大学、二〇二一年。

（4）　教育学部から地域学部への移行期間として教育地域科学部の五年間があったことは、地域学の構想を深めるうえで重要であったといわれる。また文部科学省の推す地域科学部ではなく、地域学部の名称を貫くのに、日本の国土計画を主導してきた下河辺淳の講演会「21世紀の人と国土」（二〇〇二年）を開催するなどした（光多長温「地域学について」『季刊 都市化』第一巻、二〇一八年、一―一七頁）。当時、鳥取県知事が改革派と称された片山善博であったことも、地方における大学の役割について考えるうえで意義があっただろう。なお『地域政策入門』にはその「補章」を載せている（片山善博「地域の自立に向けて」藤井正・光多長温・小野達也・家中茂編『地域政策入門――未来に向けた地域づくり――』ミネルヴァ書房、二〇〇八年、二九九―三一五頁）。

（5）　地域学部は設立時、一学部四学科（地域政策学科、地域教育学科、地域文化学科、地域環境学科）で構成され（学生定員は一九〇名）、二〇一九年の改組により一学部一学科三コース（地域創造コース、人間形成コース、国際地域文化コース）の構成となった（学生定員は一七〇名）。

（6）柳原邦光「地域学を創る4」『地域学論集』第一六巻第二号、二〇一九年、六二頁。地域学部のカリキュラム構成や地域学研究会については鳥取大学地域学部ＨＰを参照〈https://www.tottori-u.ac.jp/faculty/〉。

（7）柳原邦光「地域学の挑戦」（二〇二〇年度「地域学総説Ａ」第八回講義原稿）二〇二〇年、四頁。

（8）柳原邦光「地域学入門」『地域学論集』第一四巻第二号、二〇一八年、一三頁。

（9）柳原、前掲論文、二〇二〇年、七頁。

（10）家中茂「生活のなかから生まれる学問――地域学への潮流――」柳原邦光・光多長温・家中茂・仲野誠編『地域学入門――〈つながり〉をとりもどす――』ミネルヴァ書房、二〇一一年、七三頁。

（11）家中茂「それが始まりだった――自主講座『公害原論』との出会い――」日本ボランティア学会編『日本ボランティア学会2006年度学会誌　特集：共創の文化、共生の地域』二〇〇七年、八一―一〇二頁。家中茂「立ち現れる世界」石牟礼道子ほか『花を奉る――石牟礼道子の時空――』藤原書店、二〇一三年、二八八―二九一頁。

（12）石牟礼道子『苦海浄土』講談社、一九七二年。砂田明『祖さまの郷土水俣から』講談社、一九七五年。『海よ母よ子どもらよ――砂田明・夢勧進の世界――』樹心社、一九八三年。

（13）なかでも一人芝居の巡演にあたっては、岡村春彦（演出家）、時枝俊枝（映画監督）、宮本成美（写真家）から多くを得た。また芥川仁（写真家）からは表現について生活論や心意（後出）に通じる示唆を受けている。

（14）沖縄で公民館とは、社会教育上の公民館ではなく、自治公民館のことであって、地域自治会に相当し、その総会決議が住民の総意の表明として受けとめられる。

（15）家中茂「沖縄における土地改良事業にともなう赤土流出――石垣島宮良川土地改良事業を事例に――」環境社会学会編『環境社会学研究』第四号、一九九八年、二三五―二四二頁。

（16）一九八八年四月二七日に県が公表した環境アセスメント準備書に対する白保住民の意見書より。家中茂「実践としての学問、生き方としての学問――解題と論点の整理――」新崎盛暉・家中茂・比嘉政夫編『地域の自立　シマの力（下）』コモンズ、二〇〇六年、一三―一四頁

（17）家中茂「里海と地域の力――生成するコモンズ――」秋道智彌編『日本のコモンズ思想』岩波書店、二〇一四年、六七―八八頁。

（18）松田裕之・牧野光琢・イリニ・イオアナ・ヴラホブル「地域の知と知床世界遺産――知床の漁業者と研究者――」佐藤哲・菊地直樹編『地域環境学――トランスディシプリナリー・サイエンスへの挑戦――』東京大学出版会、二〇一八年、六〇―七五頁

などを参照。

（19）そのことをもっとも表していたのが、当時の埋立工事差止訴訟（一九八七年提訴）である。家中、前掲論文、二〇〇六年。

（20）熊本一規『埋立問題の焦点――志布志国家石油備蓄基地と漁業権――』緑風出版、一九八六年。

（21）家中茂「新石垣空港建設計画における地元の同意」日本村落研究学会編『年報村落社会研究――川・池・湖・海 自然の再生 21世紀への視点――』第三二号、一九九六年、二一一―二三七頁。家中茂「石垣島白保のイノー――新石垣空港建設計画をめぐって――」井上真・宮内泰介編『コモンズの社会学――森・川・海の資源共同管理を考える――』新曜社、二〇〇一年、一二〇―一四一頁。家中、前掲論文、二〇一四年。なお埋立計画は撤回され、新石垣空港は陸域に建設された（二〇一三年開港）。

（22）熊本一規『海は誰のものか――埋立・ダム・原発と漁業権――』日本評論社、二〇一〇年。熊本一規『漁業権とはなにか』日本評論社、二〇一八年。

（23）現行法体系では法の主体となれるのは自然人（個人）と法人のみである。そのために村落の共有地を登記するのに代表者名義にするなど便宜的に対応していた。地方自治法の改正（一九九一年）によって地縁団体法人が登記の名義人になれるようになった。

（24）鳥越皓之・嘉田由紀子編『水と人の環境史――琵琶湖報告書――』御茶の水書房、一九八四年。

（25）鳥越皓之「環境権と本源的所有――共同体論から環境問題への接近――」桜井徳太郎編『日本社会の変革と再生』弘文堂、一九八八年、二七九―二九六頁。鳥越皓之『環境社会学の理論と実践――生活環境主義の立場から――』有斐閣、一九九七年、四七―六四頁。

（26）桜井徳太郎『結集の原点――共同体の崩壊と再生――』弘文堂、一九八五年。

（27）高山隆三「土地と村落――共通課題の論点――」『年報村落社会研究――土地と村落Ⅰ――』御茶の水書房、第二二号、一九八六年、七頁。

（28）家中茂「村落研究における環境と社会」環境社会学会編『環境社会学事典』丸善出版、二〇二三年、六六―六七頁。

（29）鳥越はこれを地域づくりの主体が住民であることを根拠づけるのに「共同占有権」として再構成した。鳥越、前掲書、一九九七年。藤村美穂「総有論と共同占有権」環境社会学会編『環境社会学事典』丸善出版、二〇二三年、一七四―一七五頁。

（30）鳥越、前掲書、一九九七年、六〇頁。

（31）家中茂「生活環境主義」環境社会学会編『環境社会学事典』丸善出版、二〇二三年、一七〇―一八一頁。

（32）鳥越皓之『柳田民俗学のフィロソフィー』東京大学出版会、二〇〇二年。

(33) 鳥越皓之「地域生活の再編と再生」松本通晴編『地域生活の社会学』世界思想社、一九八三年、一五九―一八六頁。
(34) 家中茂「自然を対象とする知識生産について――地域環境知・基礎情報学・精神病理学から――」野田邦弘・小泉元宏・竹内潔・家中茂編『アートがひらく地域のこれから――クリエイティビティを生かす社会へ――』ミネルヴァ書房、二〇二〇年、二二―四三頁。鳥越皓之・家中茂・藤村美穂『景観形成と地域コミュニティ――地域資本を増やす景観政策――』農山漁村文化協会、二〇〇九年。
(35) 家中、前掲論文、二〇〇六年。
(36) 鹿野政直「民間学――運動としての学問――」『大正デモクラシー・民間学』（鹿野政直思想史論集第一巻）岩波書店、［一九八三年］二〇〇七年、二三六―四一七頁。
(37) 鹿野、同上書、二七二頁
(38) 鹿野、同上書、四一〇頁。
(39) 鹿野政直・鶴見俊輔・中山茂編『民間学事典（事項編）』三省堂、一九九七年、i頁。
(40) 鹿野・鶴見・中山、同上書、ii頁。
(41) 連続シンポジウムでは、「水俣学」（原田正純）、「民際学」（中村尚司）、「沖縄学」（屋嘉比収）などの報告があった。これらも「民間学」として位置づけられるだろう。詳しくは新崎盛暉・比嘉政夫・家中茂編『地域の自立　シマの力（上）（下）』コモンズ、二〇〇五・二〇〇六年の目次を参照。
(42) 佐藤哲「ユーザーを意識した知識生産――開発と環境の両立をめざす科学とは?――」新崎・比嘉・家中、前掲書、二〇〇六年、二九〇―三一三頁。
(43) 藤垣裕子『専門知と公共性――科学技術社会論の構築へ向けて――』東京大学出版会、二〇〇三年、二五頁。
(44) 藤垣、同上書、三二頁。
(45) 佐藤哲「知識から智恵へ――土着的知識と科学的知識をつなぐレジデント型研究機関――」鬼頭秀一・福永真弓編『環境倫理学』東京大学出版会、二〇一〇年、二一一―二二六頁。
(46) 佐藤・菊地、前掲書、二〇一八年。その背景には環境問題の質的変化がある。原生自然（手つかずの自然）の保護と違って、田圃や里山など人の手が加わった自然（二次的自然）の保全には、科学者以外のステークホルダー（課題解決の当事者）との協働や合意形成が不可欠となる。不確かさを前提とする「順応的管理」の考え方から、生業の担い手自らがモニタリングや生態系管理に関わる「利用しながら保全する」という手法が取り入れられるようになった（丸山康司「市民参加型調査からの問いかけ」『環境社会学研究』第一三号、二〇〇七年、七―一九頁。比嘉義視・竹内周・家中茂「モズク養殖とサンゴ礁再生で地方と都市をつなぐ――沖縄県恩納村――」鹿熊信一郎・柳哲雄・佐藤哲編『里海学のすすめ――人と海との新たな関わり――』勉誠出版、二〇一八年、二三七―二七一頁)。なお同プロジェクトは「地域環境知形成による新たなコモンズの創生と持続可能な管理」(総合地球環境研究所／代表：佐藤哲 二〇一一〜二〇一七年度)へと展開した。私も「生業・生活統合型多世代共創コミュニティモデルの開発」(JST-RISTEX「持続可能な多世代共創社会のデザイン」研究開発領域／代表：家中茂 二〇一六〜二〇一九年度)に取り組んだ(南博・稲場雅紀『SDGs――危機の時代の羅針盤――』岩波書店、二〇二〇年、九五―一一三頁。家中茂「生業の論理から地域問題の解決を考える――『林業を始める若者たち』にみるボランタリーな生活組織への注目――」宮内泰介・三上直之編『複雑な問題をどう解決すればよいのか――環境社会学の実践――』新泉社、二〇二四年)。

(47) 家中、前掲論文、二〇二〇年、二六八頁。

(48) 本書「まえがき」より。

(49) プラグマティズムとは、一九世紀後半、アメリカにおいて南北戦争のあとに生まれた哲学の潮流である。その後、二〇世紀半ばに科学哲学とむすびついた。「プラグマ」とは行動を指す語であり、知識が真であるか否かは、行為の目的の達成において有用であるか否かで判断されるとする。このような知識の捉え方や世界観は、行為に先立って客観的な世界があるとか、客観的世界を成り立たせる絶対的な真理があるという発想からはでてこない。それまでの哲学は主観的世界と客観的世界という二元論で成り立っており、「心身二元論」もそれにもとづく。プラグマティズムは「反デカルト主義」「多元的真理」でくくられるように、その前提をひっくり返したのである(伊藤邦武『プラグマティズム入門』筑摩書房、二〇一六年参照)。

(50) 西垣通『基礎情報学――生命から社会へ――』NTT出版、二〇〇四年、五五頁。

(51) 西垣、同上書、西垣通『続基礎情報学――「生命的組織」のために――』NTT出版、二〇〇八年、家中、前掲論文、二〇二〇年。情報が大きな関心となるのは、二〇世紀初めの物理学における「観測(観察)」問題を契機とする。量子力学以降、それまで古典力学が対象としてきた物質とエネルギーに加えて、第三の存在として「情報」が登場したのである。「物質としては異なる対象を同一のパターンとして捉える認知活動が、情報の成立と深く関わっている」(西垣 前掲書、二〇〇四年、一一頁)ことから、情報とは「それによって生物がパターンをつくりだすパターン」(西垣 同上書、一七頁)と定義される。

(52) 西垣、前掲書、二〇〇八年、一―二一頁。

(53) 西垣、同上書、一〇一―一〇九頁。

(54) 柳原、前掲論文、二〇一九年、六二頁。

(55) 本書第9章、中村正「学びほぐしと教養の知——臨床の知と教養の知の交差をとおした社会人の学び——」を参照。
(56) 鳥越は、理論において実践的であるとは、「その理論がたんにある社会構造や社会的特性をうまく説明できるという意味での有効性をこえて、実際の政策に影響をおよぼしたり、思想運動の側面をもつ」(鳥越、前掲書、二〇〇二年、一九五—一九六頁)ことにあると指摘している。
(57) 家中、前掲論文、二〇一一年。
(58) 鶴見俊輔『読んだ本はどこへいったか』潮出版社、二〇〇二年、五二頁。
(59) 鶴見、同上書、三一頁。

第7章

大学教育において、〈考える力〉を再構成する道について

山口　歩

1　問題のありか

「大学は考える力を涵養する場所となるべきである」という主張は、おそらく誰からも異論なく受け入れられることと思われる。高等教育において考える力の涵養が課題となるのはむしろ当然のことである。これまでさまざまな優れた教育実践例が積まれてきたし、また映像資料を含めた教育ツール・マテリアルを利用して、これまでになかった理解の筋道を提供できるようになった。

しかし、そうした先鋭的な努力や工夫がある傍ら、〈自分自身で考えるようになる〉という成果が大学全般の中で十分担保されてきたわけではない。必要とされる知識情報がスマホなどで容易に検索できる現在、〈自分の力で〉〈自分の言葉で〉メッセージを組み立てる営為は、逆に衰弱している可能性がある。学生の返答について言葉の意味を問うた時、自分の使った言葉の意味が見えてないという事例もめずらしくない。答えが全体的に借り物だからであろう。

「検索」なり「引用・参照」については、まずマナーを的確に指導する必要があるし、その上で効率的に検索・参照できる力を獲得することは、学習の前提条件ともなる。しかし、その文献に提示されているメッセージを鵜呑

みにしたり、何の批判もなく解説にあてがうことも起こりがちであるし、ともすると学習とは逆行した営為も生まれる。私が危惧するのは、そのメッセージの貼り付けで、自分の理解が完了したとされる事である。

私の学部では基礎演習という名の初年次ゼミを設けており、大学の学びに慣れてもらうためのさまざまなトレーニングを課している。そこでもやはり、スマホやＰＣで検索する機会が近年大きく増加している。紙媒体の文献も入手させて読ませるのであるが、答えを生み出す上でインターネットの検索は時間を圧倒的に短縮する。グループ学習の班員全員が黙々と検索している姿を見て、ＩＴ機器検索を禁止する必要があるのではと思案するようになった。

この基礎演習において私は独自に簡単なプレ・ドリルを実施している。一〇年間同じ問題で知力の変化を探ってきた。論理、数理の処理能力が低くなってきていること、現代史の概念整理が追いついていないこと、そのほか大枠予測した結果が現れているのであるが、〈そらで〉世界地図を描かせる問題の結果が、特に悪化の傾向にあるように感じている。

過去は、一割ぐらいの学生がリアルに近い図を描写していたが、それがゼロに近くなってきている。全体的にゆがんでいても部分的に丁寧なものが相当数あったのだが、数として大きく減った。部分とは、例えば日本だけそれなりの形で描かれているとか、スカンジナビアやイタリアの形だけがリアルであるとか、などである。南北のアメリカが分離しているとか、オーストラリア大陸がないなどはまだましな方で、アフリカとユーラシアが団子状に固まっているものなど、全体的構図が判別不能なものが多く、傾向は明らかに悪化の方向にある。

問題は二つあるとみている。一つはぼんやりとイメージトレースする場が減っているということ。もう一つは〈そらで〉答えを述べる機会が全般に減っているということ。例えばトイレに貼った地図とか机の上の地球儀をぼんやり眺めるようなことが減ってきているのであろうか。そして問題は、そうしたぼんやりとした〈そらの〉情報を他人と交換する機会があるのかどうかである。

この問題は地図に限定されたことではない。事物・事象全般の説明において〈自分の言葉で〉説明することを求めると、説明の道がたちまち絶たれてしまうのである。これらのことは、教室や生活全般の会話の中で、自分の頭だけを頼りに情報をアクセスする機会が減っているということを意味しているのではないだろうか。

我々教育スタッフは、学生に的確な引用を求める以上に、学生自身の認知の内実の変化に踏み入って検討する必要がある。言葉を変えると、**学生の〈そら〉の認知を一度吐き出させて、なおそれを再構成すべく吟味する作業が求められると思われる。**

私は言葉と実体の照合の力に注目する。言葉をハンドルできていても、個別の概念イメージが大変弱い。例えば私の専門（技術論）に関わって、産業革命、機械、蒸気機関などのレベルの言葉は大体の学生が認知しているものなのだが、それがどういうモノなのかという内実の説明構図がない。ここでいう実体とは、マテリアルベースのモノ・コトだけを指しているのではない。工学的カラクリを理解すること以上に、社会の中で他の存在物とどのような関係をもっているのかが問われるのである。

ある年、二〇〇名ぐらいの講義教室で、平賀源内：エレキテルという概念セットの認知について尋ねると、聞いたことがないという学生の数が三名であったことに驚愕した。しかもその三名はすべて留学生であった。してみると、日本の初等中等教育は、ほぼその二つの名辞を記憶させることに成功しているともいえる。ただし予想どおり、その内実の説明はできなかった。それが電気に関わるという理解がせいぜいで、ごく一部のものが静電気という概念に触れた。

こんな状況を憂えて、私は電気の二千年の歴史を三分で伝えることにしている。

ギリシアから近代にいたるまで、電気という概念があっても、その実体は静電気なのであって、全く役に立たない時代であった。

一八〇〇年くらいに〈電池〉が開発されて、〈電流〉というモノにアクセスできるようになる。すると、そこから〈熱〉が生まれ、〈光〉がはなたれ、磁場の中をくぐると動いたりする。人類はそこでようやく役に立つ電機を見出すことになる。

しかしまた、発電所がない一九世紀にあっては、モーター、照明、ヒーターも広く社会でつかわれることはない。一九世紀において電気に関わる一番の装置は電信なのである。通信の社会的重要度という意味で、普及が速いともいえるが、問題のキモは情報伝達がエネルギー的に一番軽いからできたのである。

切れ目が二つ、時代を画する事態は二つ（電池と発電所）。これくらいの軽い情報を緩く頭に保持して、以降それをモノサシにしつつ、いろいろな事件との因果関係を追うような習慣を学生に求める。

例えばエレキテル伝来は役に立つ電機開拓の直前にあって、人を感電させるような（百人怯えという座敷遊びが流行った）迷惑物にしかならない。そんなものを教育界がなぜ伝えるのかを知らねばならない。

こうした迷惑物を伝えて喜ぶ源内は、直後獄死することになる。彼が何をしたから殺されたのか、そこがこのエレキテル問題の焦点となる。

学生の理解に寄り添って、ゆっくり議論する時間は、概ねゼミ（少人数クラス）にゆだねられるところであろうが、大規模講義で全くやれない話でもないと考えるようになった。というか、学生が学ぶ時間は存外少ない。ゼミ時間が各年週一で九〇分という枠とすると、その他の大講義も含めて、学生の認知をケアしていかねば、事態はなかなか改善しない。

ゼミの役割を講義で展開するというのも、なにも目新しいことではなく、レポートの往復を徹底して、それを対話の道とすることである。

ただし、講義を要約するような課題では、彼らの思考の内実は見えない。彼ら自身の思考の産物が現れるようなテーマ設定が必要となる。次節では、私の教養の講義実践の中身を紹介し、学生との交流の在り方について考察する。

2　思考を蘇生させる講義のスタイルと方針

私の担当する教養の講義「科学・技術と社会」において、最後のレポートは、「全一五回の講義の中で、自身の学びに最も影響を与えたものがどれであるか」について見解を求めた。

解答について大方予想どおりとなったが、第一回目のオリエンテーションに最多の票が集まったことは予想外のことであった。

講義の中で具体的に扱うテーマ自体は、産業革命であったり、人工知能であったり、再生可能エネルギーであったり、いたって普通である。しかしその切り口は類例のないものであるという自負がある。講義は、内容の意味よりも〈理解の仕方〉を獲得させる意図で創られている。その特殊性に鑑みてオリエンテーションでは丁寧にその問題性・主旨などを伝えた。そのありかたに多くの学生が驚いてくれたようだ。

オリエンテーションで示したこの講義の狙いとは、次の三点になる。

1　新しい情報（知識）を付加的に与えるのではなく、高校までに得た知識を断捨離すること。

2　使う用語を可能な限り簡単なものに置き換え、説明内容を自分の理解の届く範囲におくこと。

3　事態を〈簡明に捉える〉とデフォルメされる危険性があることに注意すること。
　事実誤認に注意を払い、メッセージを批判的に眺めること（教師の言辞についても同じ）。

断捨離に向けては、彼らが高校までに獲得したすでに持っている知（識）を反転させる仕掛けを多数用意する。すなわち、獲得した知をすてる理由を明示するわけである。また例えば歴史について、最小限の切れ目を提示し、歴史展開を構造的に大きくつかむようなやり方を示す。こうした方針を具体的に示すべく、前節の電気の二千年の解説が提示されるわけである。

1の断捨離の奨励は、大半の受験知が並列的な知識系列であって構造化されていない、という私の仮定から出発している。さらに言えば、その多くが名辞記憶に過ぎなくて、実体の構造なり機能の理解がない。構造化するというのは、社会空間内の他の諸事象との結びつき具合を見せるということなのだが、さらにいうと、歴史的意味づけ（過去の存在物との関係性）を問うことでもある。断捨離が必要と思われるのは、特に事物の発展構造についての理解（の稚拙さ）である。それは未来構想の力を養う上でも有害だと思われる。

すでに持っている知（識）を反転させるにはそれなりの説得力がいる。知識的な正誤をバネにして説得できる場合は楽なのだが、価値的な問題となるとかなり難しい。

もうすこし具体的に言うならば、技術はいかなる発展をとげるのか、何を以て発展と呼ぶのかなどの問いは、自身の価値体系を総動員しないとなかなか答えが出ない。

〈発展とは何か〉という問いは、一五回講義を通貫する隠れたテーマとなっている。

こうした問題関心から、単なる知識の集積やそれの伝授作業を断ち切り、新たに〈価値を問える頭脳〉を育てる場所を創ろうと考えた。（価値を与える講義ではない）多くの知識を捨てるといってももちろん全部ではなく、獲得された新たな知は、現実のなかで具体物と関係を持ちながら、消滅せずに頭・体の中で生き続けるような目標を持った。そして、特にそれを他人に伝える際、発話者が何を考えているのかがわかる形を追求した。〈知にボディを与える〉という標語は、講義全体の中で何回も現れる、通貫する構えであった。

次にこうした方針に対する学生の受け止めを紹介する。

さて、難しいテーマではあるが〈私が一番学べたところがあった回〉を強いて挙げるとすると、第一回目の講義である。この最初の講義に私は衝撃を覚えたのを覚えている。まず、教職に就くものが自分を、そして教育者を疑えというのは本当に驚いた。私や他の生徒も教育者も人間であり、時には間違うことを知っているが、それでも教育者の言っていることを疑問に思える生徒など少数だろう。私にとって教授が言ったことに疑問を持つことや、矛盾点を探すことは過酷なものだった。相手の発言に疑問を持つにはまず、相手の話しているテーマについての知識が自分の中にないと、相手の発言に矛盾点があっても疑問にすら思えないことをこの科目を通して実感した〔略〕。

最初の疑問は、「なぜ疑問を持つことや反論することが大事なのか」と言うことである。しかし、第一回目の文書配信にある日本の電力政策の矛盾点を読んでそのような疑問はすぐに吹き飛び、納得した。風力発電の容量と原子力発電の容量の比として適当なものを選べ、とあった選択問題。私もまんまと騙された。1という選択肢（正解）は一番初めに答えの候補から消去した。ここで知の闇（正解こそが違うという先入観があったこと）と疑問や批判精神を持つことの大切さを一回生の間に身をもって感じられたことは大きな収穫であった〔略〕。

付け加えると、「私なり、私の伝えるメッセージを批判せよ」というメッセージには多くの学生が驚愕・恐怖の念を抱いたらしい（第一レポートの典型的回答となった）。

矛盾点を見出すということが技術的に難しいということでもあったが、やはり教師を疑うということが冒涜的と感じているらしいのである。こうした事態は私には要改善事項のトップランクのものとなる。全般に我々教育スタッフは、「文献を批判的に読み解け」と指導しているはずである。複数の文献にあたらせ、正誤関係を整理させる。そんなことは教育の日常のはずである。

主張内容が専門的で高度であると、学生としてはとりあえず不明点を残しながらも受け取る形になる。しかし、平明で簡単な理屈で説明されると、納得できるかどうかが自分の中で〈見える化〉する。そこから、批判して良いのかどうか（批判できるのかどうか）の分岐が現れるのである。

講義者と自分（学生）との間の離反する見解を調整するということは、自身の考え方の全体をいじるようなことにもなる。もちろん自身を守り、教師を批判する道もある。いずれにしても難しい営為となる。

こうした所作が大学の学び全般の中で低下しているのではと疑っている。だからこそディベートなどのカリキュラムが産出されるのかもしれないが、私はやや疑問に思う。ディベートは大概、自身の本当の見解とは独立に展開されたりする。そうした議論と、身体をはった本気の議論は本質的に異なるものなのではなかろうか。

いずれにしてもこうした事態をもっと重くとらえて、講義やゼミにおいて討議が丁寧に遂行されるように配慮される必要があると考える。当然のことにもみえるし、いまさらの提起とも思えるのだが、現実には（すくなくとも私の見える範囲では）成果が十分積まれていない。

3　社会批判に関わることの難しさと重要性

前節で述べた（教員）批判に関わって、さらに丁寧な検討が必要となる。それは、批判行為が、単に教員の間違いや矛盾を指摘することでは終わらず、大学の外の社会に対しても向けられていくという問題である。必然社会の中の自分の立ち位置が明示されてしまう。全般に学生はそうした事態を嫌うし、自身の立ち位置をあらわにしたがらない。

こうした中、対峙する論点について、準備を経ずに議論させるのは好ましくない。大体がどちら側の論点にも間違いが含まれ、歩み寄りの論点が生まれることはまれであると感じている。対峙する論者が議論する際、まず求められるのは、共有認知事項の確認であろう。例えば具体的データ（の信憑性）である。こうした手順を踏まないと、立場性のぶつかり合いだけがあらわになり、決裂しか結果しない。

例えば私の講義の一コマで原発の社会的問題を扱っているが、そこでは、最初から（話をする前から）〈立ち位置〉に関わる問題がみえかくれする。もちろん講義では脱原発的言明と原発推進的言明をストレートに対置するようなことはしない。どちらかに与することから始めてはならないと考える。

やりかたとしては基本データ、事実群の読み取り方から出発する。しかるに、例えばコストデータなどを示すだけでも、意図せずとも推進側の否定のロジックが聞き手に伝わったりするので、そこに配慮が要るのである。例えば講義では、『原子力発電に係る産業動向調査』各年度報告書から採ったデータをグラフ（図7-1）で示すのだが、その値（一・五兆円—二兆円でシフト）がいかに巨額に映ろうとも、一般社団法人日本原子力産業協会がだしているデータそのものなのだし、私の見解とは一応無関係の事実の類となる。

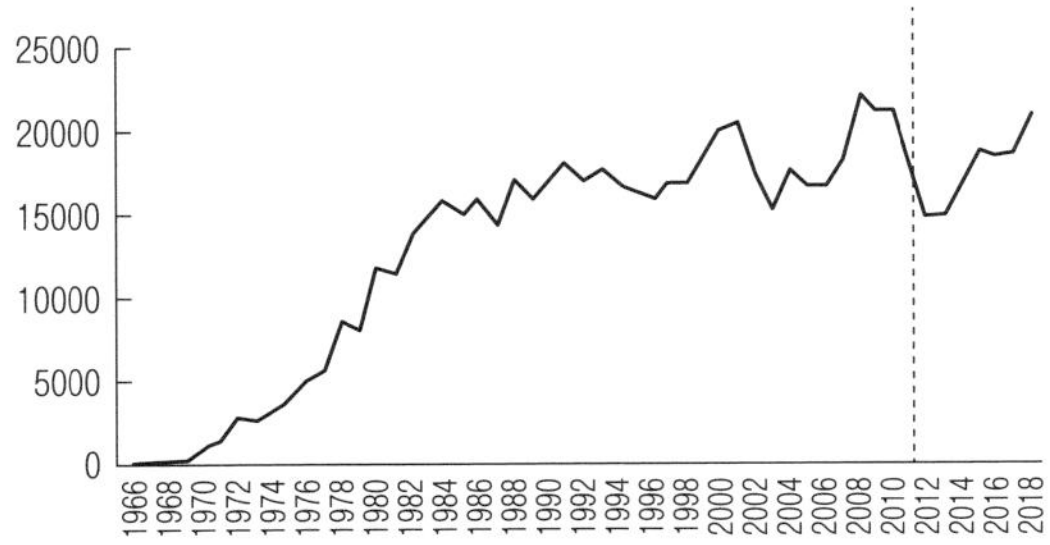

図 7-1　各年次の原子力関連コストのグラフ（1966-2018）

注：各年度の報告書記載は各年の数字でそれを著者がグラフ化した.
出所：一般社団法人日本原子力産業協会『原子力発電に係る産業動向調査』各年度報告書に基づき著者が作成.

しるに、そのグラフに二〇一一年の区切りをいれ、「福島事故で、ほとんどの原発が稼働していない中でも、原発関連のコストは下がる気配を見せない」と説明をいれると、それもまた事実でありながら、見せ方としては〈脱原発〉の匂いが濃厚になる。

並行して原発の総発電量のデータも示し、割り算をして原発の発電単価を示すと、一四円／キロワットアワーとなる。それは政府説明の値とはかけ離れた数字なのであり、ともすると政府批判見解とも映る。

ここで大事なことは、その値の提示を原発の是非の議論に直結させないことである。それは、全般に、発電単価が低いものが是といった極めて単線的な価値づけが学生（社会）の中に蔓延しているからでもある。

そもそもコストの値は二重の意味で流動的なもので、スタティックに示すのは好ましくない。一つは、ベースにあるか（常時稼働しているか）どうかで、コストは大きく揺れ動くし、また年月の開きは、各コストの値を大きく変える。（再生可能発電技術全般、コスト削減がドラスティックに進んだ典型事例となる）。

発電単価が低いものが好ましいという話は一面の真理にすぎず、現実にはそう選択されていない。

例えば、関連して次の**図7-2**なども存在する。図は小出が著す『図解　原発のウソ』に掲載された発電単価の比較資料であるが[1]、そもそもの出どころは『原発のコスト』他の大島のそれとなる[2]。

大島は、現実の帳簿を具体的に検討してその値を公表し、〈原発安し〉とする政府の見解を糺《ただ》した。〈原発のコス

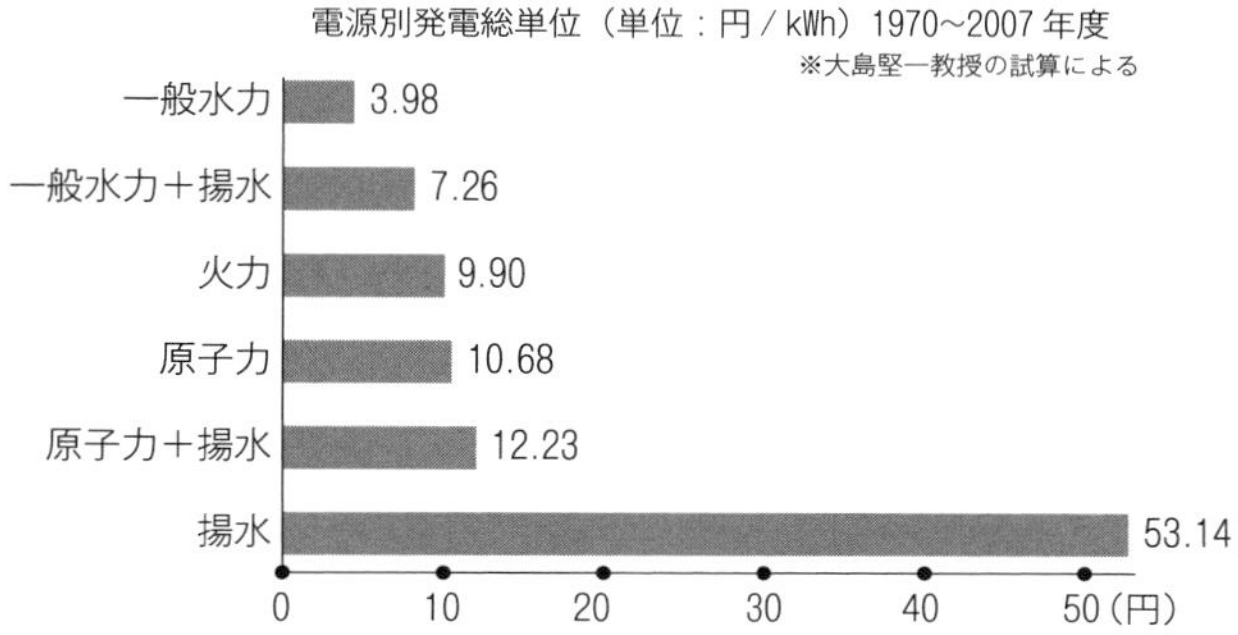

図 7-2　各種発電技術の発電単価の表

出所：小出裕章『図解原発のウソ』扶桑社，2012年，p. 76.

トが高い〉というメッセージをかの比較データは伝えているかのようである。私は、その見解に賛同しつつ、そうしたデータの取り扱いの注意点を繰り返す。

第一に、この表の原子力の単価は私のものと値が違う。読み手は、こうした違いが何に起因するのかをその都度突き止めなければならない。（他の論者の数値についても同様）

第二に、この表で示された火力単独と原子力単独の値の差は一円にみたない。これを根拠に、一方を切る議論は電力界ではふさわしくない。（私の値の四円差もおなじ）

この情報を提示した大島も、この値が確定値（現実のコスト）ではないことを注意している。

コスト（単価）を問題とするならば、さらに注目すべきことは、一番下の〈揚水＝五三円〉であるはずである。コストが高い技術が問題だというなら、この揚水こそ検討される対象となる。ちなみに揚水水力とは無視できるような少数技術ではない。総容量約二五〇〇万キロワットあり、水力全体の中で最大の規模を誇るのが揚水である。その規模の技術について、単価が五三円とついていることをまず受け止めなければならない。単価（の高低）→技術選択と単純化できない典型ともなろう（もちろん、揚水は発電用というより電力貯蔵の社会装置なので、他の電力技術と同列には扱えない。しかしそこの説明を適宜交えながら、さらにこの単価高の理由について議論を明確化する意味があると考える）。

問題の一翼はその稼働率の低さ（二％という異常）にある。電力コストの問題をそうした稼働率と独立に展開するのは意味がない。そうした意味でも、発電単価の議論は単独でスタティックに議論されるべきものではない。どう運用するか、という計画とセットになる問題なのである。

私は講義で、単価高に〈映る〉揚水発電について必要技術として力説し、単価の高低を技術選択に直結する議論を批判する。その主張は、原発の単価の厳然たる割高性についても、それだけで原発の否定要因とならないという説明に結びつく。

こうした〈事実・データの受け止め方（取り扱い方）〉を丁寧に指導することの方が、原発の是非を決するメッセージをつたえることより大事だと私は考える。

容易に想像されるように、脱・推進の安直なメッセージの受け止めよりも、厳然とした事実の受け止めの方が、学生一般にとってしんどいものとなる。当然、事実自体に目を背ける学生も現れる。批判、再批判については、論理の問題でもあって、正誤、勝ち負けもついたりする。けれどもそうした空中戦はあまり意味がない。やはり双方の見解の裏（＝事実）の洗い出しが肝要である。

そしてそうした事実の受け止めの後、自身の立ち位置がどのように揺らぐのか、各自が確認していけるよう配慮すべきなのである。

原発はもちろん、人工知能や、蒸気原動機、通信ネットワークの発展過程の評価の受け止めにおいても、当然のことながら、各自の立ち位置（価値観）が現れる。

私はここ数年、競争主義対ＯＡ（open architecture＝設計公開の略称）という対立構図を、半導体開発と風力発電技術開発の場において提示し、学生にその是非を考えてもらった。

結論となる説明要旨は、（かの場面においては）設計公開が有効性を発揮し、自社の技術特性を徹底秘匿する〈競争主義〉が敗退することとなった、ということなのだが、想像以上に学生の反発はきつかった。〈競争主義〉とは私の造語で、競争一般とは区別した概念なのだが、学生の反発の軸足は、どこまでも競争一般を美化するところにあったと感じている。

競争一般の是非など、私の力では論じきることができない。しかし、「競争が全般的に技術進歩を促す」、といった固定観念に対しての対抗事実はいくらでも提示できる。

多くの学生はそうしたメッセージにストレートに感応して、（レポートにおいて）きわめて心情的な反論を展開してくれた。この応答は、一五回ある講義のクライマックス箇所となっている。

最後の節では、その〈競争主義対ＯＡ〉をクライマックスとしたレポート応答の流れと、学生が提出したメッセージ（言葉遣い）、講評の実相（言葉遣い）などを示し、教員と学生の離反と共感の往復の実相について紹介していきたい。

4　対話としての講義レポートの往復
――レポートの応答で疑似対話空間を作ること――

講義受講者は、三年間三〇〇名上限いっぱいであった。その数の君を教室であつめて集中させるのは難しい。そこで配信を口語調で文書化し、何度も繰り返し読ませることにした。ビデオのオンデマンドもあり得たのだが、声だけの方が心に刺さると考えている。私はそれをラジオ効果と呼んでいる。さらに、時間進行のシーケンスが単調な〈実の声〉よりも、目で追い戻れる〈文字の声〉が勝ると考えた。

その配信と対面との併用、それが結果として功を奏していたように感ずる。こうした形式に至ったのはコロナのせいなのだが、多くの教員同様、結果として良好な教育環境を生むに至ったと思う。

レポートは四回設定し、毎時講評を返すことで、手紙の応答のような役割を持たせた。すべての学生について赤入れはできないので、二〇—三〇ぐらいの問題作との応答を講評して、そのやり取りを全体で共有できる形をとった。

どの学生のものを取り上げるのかについては、一応優れたものというのが基軸となる。とはいえ、単純にレベルが高いかどうかではなく、楽しんで書いているかどうかなども大事な要素となった（その逆も真）。自然な成り行きで、連続して取り上げられる者が現れ、（初回優れたレポートが出せたということは、それだけ優れた論客だったということでもあり、その次とりあげられる可能性も高い）しだいにあえて固定化するのもよしと判断するに至った。その固定客とは、会話する雰囲気を持たせるように、講評の返しを工夫した。その意図を察した若干の君は、次のレポートで、コミュニケートする意思を強く持ったレポートを提出したりする。

そうした固定客を講評の中の狂言回しに仕立てて、（学生代表として）講義内容を自然に批評する難しい役割を担わせるのである。

例えばこのような君が現れる。

　初めまして。
　今回のレポートの執筆までに一—三回までの資料ないし、教授が持たれるお考えを読了させていただいた上での、率直な解析結果としては「なんだこの教授は?!」であった。〔略〕
　本講義の狙いに関しては「情報の断捨離で最小限化された情報を全網羅し、自分の中で印象的な部分を考え

『楽しむ』」ことだと解析した。

また、毎回の優劣検討では「どうせ答えること全部ひっくり返されることになるだろうな」と思いながら考えた内容は、私だけかもしれないが全部間違っていた。このように、自力で問題を触らせ考えを巡らせ、全部ひっくり返すことで、情報を網羅した上で深く自分で考える事の楽しさを実感させる。

このような最初のレポートを提出してくれたので、こちらも「はじめまして」ではじまる講評を展開した。断捨離の意味づけは第2節で概説したが、提示では脳内整理、思考の経済に関わったことしか述べておらず、それを楽しむ次元に持ち上げてくれたことを大きく評価した。途中ある〈毎回の優劣検討〉とは、学びの前の自己認知点検ドリルのことなのだが、仕掛けとしては全部間違うように工夫して作る。正解に至らない事態をどう受け止めるのかは学生次第のことなのだが、これについても楽しんでくれているようで、礼を述べた。

すると第二レポートで、

お久しぶりです。前回課題の返答ではご丁寧に反応して頂き、ありがとうございました。〔略〕

さて、今回主に取り上げるのは第五回の内容にあった、「近代の入り口――一七七六年」辺りに触れる。

この範囲では、産業革命や市民革命というメインディッシュを作る最高の食材が散りばめられていると感じ、先生もそのような表現をされていた。実際にそれを示すと、科学技術の範囲からは逸れてしまうが、「モーツアルトやベートーベンによる痛烈な貴族批判」である。〔略〕先生がこの話題を出した意味を考えた時、「逸れているようで逸れていないのかもしれない」と考えた。それは、クロンフォードの工場の全紡過程の機械化である。この機械化により、貴族はその利益・利権に溺れ、「ドロドロ・ハラハラの驚き風俗の形成に忙しくする」こととなったのではないかと考えると、一見関係のない貴族批判は一貫性を持ち、この箇所は近代の入り口と言える。

この時点で、会話応答の狙いが共有された感じで、私がそれを全学生に見せるということすら共有されていた感じがする。

返信も会話的に作り上げて、評価についても批判についても、公正に評価しながら応答し、互いの認知の深まりを目指した。途中「ドロドロハラハラの」といった不可思議な表現が見られるが、これは私の配信の切り抜きで、こうした不明瞭な評価のおかしさを共有します、といったメッセージとして受け取っている。

レポートの「答え方」については、自分で使う言葉についての自己認識を深めることに私は軸を置く。故に連続した応答が必要になる。再度尋ねることが重要になる。そうしたやりとりを、ある典型回答者と教員の応答として配信し、学生全体に周知する。

例えばこういう意見をいただいた。

私は理解が乏しいので、文章など毎回同じところを三回は読みます。先生の配信文書も何度も読んで非常に時間がかかったので、対面で話を聞こうと思い出席しました。

対面に出席すると、より悩みました。しかしながら考える一歩にはなったので、思考力が浅い私はこれから積極的に行動しなければならないと感じました。

私は、〈わからない〉という（私への）表明が、講義の質を高める基本である、と高く評価した。わからないという自己認識を持つ（表明できる）ものほど、高い次元の理解を勝ち取る可能性があるとも述べた。そしてそのやり取りを配信で見える化した。

するとまた次のような感想も現れるようになる。

「今回は今まで一番頭に入ってこなかったです！」

上記の感想は、それまでの講義を熱心に咀嚼し、だからこそ、最前列で集中して受講していた君から発せられた言葉なので、だからこそ価値高い（痛烈な）メッセージとなる。このやりとりが、次の理解の前進を生むのだと思う。

対面の講義を耳で聞くと、例え集中していたとしても、その情報の大半は意識下にとどまらない。レジュメなどは、その内容を本当に理解している者しかストーリーの再構成ができない（理解していないものが事後ながめても役に立たない）。

その数字の大きさは、直ちに理解の程度を映すわけではないが、配信閲覧数は、本配信についても、講評の配信についても、けた外れに高いモノとなった。交信している、という実感があったが故ということであれば幸いである。

レポートはそのテーマ設定も問題となる。繰り返しになるが、配信内容の要約で終わるようなものは、私の意図の実現に届かない。やはり納得を躊躇する（あるいは拒絶する）のような壁を一度確認して、それを壊していきたいのである。

そうした意図もあって、二一年度秋について、テーマを以下のようなものとした（以下、レポートはレポと略す）。

一レポ：配信に散見される〈矛盾項目〉を列挙しなさい。
二レポ：自分の技術イメージ、機械イメージが変わったとしたら、それを具体的に説明しなさい
三レポ：本講義の競争主義批判的論点を批判的に論じなさい
四レポ：本講義が教養科目の責務を果たしたのか論じなさい

いずれの問いも、客観知識を動員するだけで書ける類のものではない。私（の意図を探る）という問題、学生自身の（受け取り）問題が入り込む。

形的には三レポが一番普通であるが、競争主義批判は学生全体の琴線に触れる問題となり、提出結果は大きく揺れた。全般にこの三レポは過半の学生が講義内容を非難・批判する場となった。これをはさんだラスレポにいたる流れは大変興味深いものとなった。

例えばFさんの例を見てみよう。

初回

多層に広がる未来を見せるために〔略〕教授はあえて講義の矛盾を探させた。

という言葉を投げてくれたことを高く評価した（講評の末尾を飾った）。

するとニ回目において、

〈機械〉なり〈技術〉の評価（自己評価）を高めることはできた。その理由は、教授の「ボディ」を与えるという言葉に刺激を受けたからだ。「ボディを与える」とは、具体的な絵なり、音楽なり、科学知見なりの「印

象」を自分の体に埋め込むということである。〔略〕

今回教授の言葉から、強要や思い込みをせず、感触を正しく持つようにこれまで心掛けてきたという事に気づくことが出来た。きっとそれは今までの経験から学び、私自身の性格や価値観が変わったからであろう。そして、「人間って嘘の塊だね」という部分においても、痛感した。歴史背景や時代の発展について学ぶことで、そういったものの見方や価値観について改めて気づくことが出来た。

と、そうとう歩み寄ったメッセージが返されてきた。

しかし問題の三レポで痛烈な反感が寄せられ（競争主義批判をめぐって）、それでも最後にまた反転した。

小学校・中学校・高校・大学では、自分にとっての常識と価値観があっても、教授の教え通りに、そして周りの空気を読むように対応してきた。それに疑問も持たなかったが、この講義を通りして教授をとおして、それは間違っていると気づくことができた。

私の狙いに関していえば、三レポと四レポの反転の連続が大事となる。一旦対立しつつ、共感を取り戻すという流れである。この君は、〈ボディを与える〉とか〈人間のウソ〉といった私が大切にしている概念を的確に感じ取ってくれたようで、三回目の反発も、四回目の帰還も、ボディ・身体（感情）を伴って展開してくれた感がある。

また、Kさんの例はこうなった。

初回から、

〈何を言っているんだ…〉?・マークばかり浮かんだ

と切り込んできた。
このように自分の気持ちを伴わせつつ、内容を批評する態度は二レポでも続けられた。

問題の三レポでは、反発の心情をもろにぶつけて、
　文系の私には相変わらず?ばかりが浮かび
と悲鳴を放ちながら、
（私が否定していたＴＶの〈細部鮮明発展問題〉に関わって）〈綺麗さ〉や〈大きさ〉〈薄さ〉を追求することは案外日本人の需要にあっているのではないか、とも思う。
と私の立脚点から真逆の意見を正面からはなってくれた。

それでも最後に
　風力、原子力の単元はかなりの苦痛で、レジュメを読む手はたびたび止まっていたが、計四回の課題レポを書ききることができたのは授業レジュメに多くのユーモアがあったからだろう……三回生春の受講登録で私は山口教授の名前を探すことになるかもしれない
と彼もまた歩み寄ってくれた。

どうして、三レポで反感を強く持った学生たちが、四レポで共感する方向にシフトしたのかについては、一応の仕掛けがある。（反感→共感の流れは上記の例だけでなく、多数見られた）
とりあえず、三レポの講評で、反感について多く掲示して、それらについて丁寧に応答したこと。競争主義という私の造語についての説明がいたらず、競争全般との混同を持ち込んだことについて、まず「ごめんなさい」とわ

びたこと。

競争全般についての是非についてもあくまで私見として応答した事などである。とくに、間違いに対して、きちんと訂正して謝ることは、議論を円滑に回すことためには、当然必要な営為となる。

ともあれ両君とも、毎時フランクな言い回し、心情的に率直な思いをその都度放ってくれて、それをそのまま見える化できた。三回目の反発を見える化したことも、友好を回復したことを見える化したことも、大事な作業と考えている。

自然に考えて、人間は全見解が整合的に組まれているわけでなく、同意できる面とそうでない面がある。そうした矛盾を前提として、さまざまな交流がある。喧嘩という事態もあってあたりまえなのだろう。

〈反発〉をくぐりながら、最後歩み寄るという事例確認は、学問の、というより彼らの未来の生活全般のことを考えると、大切な風景提示と考えている。

そうした反発と共感の往復を介して、学問の自然を取り戻す必要がある。私は今、反対側の陣営との対話可能性を最も大事なテーマとしている。講義もその実践の場であり、それが伝わっているかどうかが問われるところである。

キーワードは言葉の〈ボディへの埋め込み〉。それをFさんは解っていた。これを経ていない知はとてももろい。そしてこれがないと、反発も共感も本来はあり得ない。

さてその年の四レポは「本講義が教養科目の責務を果たしたのか論じなさい」というものであると説明した。解答の一つを全文紹介して、この論を締める。

私は、「科学・技術と社会」は教養を育てるきっかけを受講生に与えたという点で、教養科目としての役目を果たしたと考える。しかし、受講生が教養を身につけたかどうかは現時点で分からないため、受講生の教養を育てるという点で、本講義は役目を果たし終えてないと言える。

まず、本講義は、受講生の固定観念を揺さぶるような内容の配信・講義が多かった。例えば、競争社会が技術発展の全てなのか、そもそも進歩は（私たちが考えるほど）良いものなのかなどの問いかけや先生の意見は、受講生の「常識」を揺るがせたと考えられる。そして、そのような意見が受講生の「常識」に変化を与えると共に、受講生は「常識」を批判的に見ること、ひいては世の中を批判的に見ることを体験した。また、先生が講義中何度も「私の言っていることが正しいとは思うな」とおっしゃっていたことも、与えられる情報を鵜呑みにするのではなく、自分で思考して本質を見ようとする姿勢を育てるものになったと言える。実際、配信や講義で先生の意見を受けた上で、先生とは違う意見に達したこともあり、このような体験は、自ら考えるという能力を育てるきっかけだと考えられる。

しかし、講義はあくまでも教養を育てるきっかけに過ぎない。なぜならば、教養は知識ではなく、より豊かに生きるための自らの生き方や考え方そのものだからである。よく言う「教養がある」人は、勉強の知識がただ単に多い人やピアノが弾ける人のことを表すのではなく、そのような知識を持って人生を豊かに過ごせている人を指すのである。そして、生き方や考え方は講義を受けただけで瞬時に変わるのではなく、生きていく中でゆっくりと変わっていく。つまり、いくら講義で批判的に見る知識（＝体験）を与えられようとも、批判的に見る能力が（たったの）半年で身について人生が豊かになることはなく、これから生活を送っていく中で少しずつ批判的に見ることを意識し、いつか批判的に見ることができる自分に気づき、初めて教養が「ある」状態になる。また、教養が人生に与える「豊かさ」というのは富や権力に直接的につながるものではなく、教養はなくても死なない。教養があることによって自分の考えが少し広がり、ちょっと人生が「楽しく」なることが教養の与える豊かさだと考える。つまり、教養の有無は、個人の感覚に委ねられるため正確に計ることのできないと言えるだろう。よって、受講生に教養が身についたかどうかはわかり得ることではなく、教養を育てるのはこれからの受講生の生き方であるため、講義で教養を育て上げるということは成しえないことだと考えられる。

以上のことから、私は、「科学・技術と社会」は受講生の教養を育てるきっかけを提供したという点では教養科目としての役割を果たしたといえるが、教養を育てあげるという点では役目を果たしていないと評価する。

これほどまでに私が伝えたい実質が咀嚼されたレポートを、コロナ以前は受け取れなかった。最後に「果たしていない」と反転して閉じるところなど、私のやりくちをきちんと吸収してくれている。問題が教室で閉じたものではなく、伝えるべきことが知識の集積ではなく、むしろ未来の生活に向けられた知の在り方と捉えられていることなども同じである。言葉をアカデミズムのジャルゴンから解放して、日常言語として再構成させていくのも、現実の未来に対峙するためのモノである。

こうした結果があらわれたことに背中を押されて、拙い実践をこうした場で批判検討していただく勇気を持てた次第である。

私の実践は、一貫して〈自分の頭で考える〉所作を生み出すためのものであった。しかけはありきたりなことで、第一に彼らが理解していると思っている事項を〈反転させる〉よう務めた（常に成功することではないが）。

そして第二に、彼らの説明については、自分の（手の届く）言葉で説明することを徹底した。怪しい場合には、講評などで再質問を徹底した。

第三に血肉の通ったメッセージを交換できるような題材を探った。とかくテーマ設定が大事となる。原発のコスト問題では難しかったが、〈競争主義〉批判では、一定程度成功したように考えている。これは彼らが競争一般を神聖視していることに関係がある。まさに彼らの理性と心情を総動員して教員のメッセージを批判してくれた。

最後に安易な決着をつけないこと、そんな一五回であった。

安易な決着をつけないのは大事なのだが、先の学生のメッセージの通り、ここで終わってしまうと〈役目をはたしたことにならない〉ことにもなる。一人の教育者のケアできるエリアは本当に狭い。間違いも多く存在する。集団の叡智で、この問題意識がシステム的に解決の道を獲得することを強く望む次第である。

注

（1）小出裕章『図解原発のウソ』扶桑社、二〇一二年、七六頁。

（2）大島堅一『原発のコスト』岩波新書、二〇一一年。

第8章 「地域を基盤とした学習」がもたらす教養
――知識を地域の文脈に即して調整し市民に育つ――

秋吉　恵

「教養」はどこで育成されるのか。本章ではこの「問い」について、教養教育で行われる「地域を基盤とした学習」の視点から考えてみたい。教育分野の議論では、教養は大学のキャンパスの中で育成されることが前提であろう。本書においても、第5章で取り上げられる戦後の青年団活動にみる教養の育成のほかは、大学で専門家が教える教養教育によって培われる教養が語られる。

一方、「地域を基盤とした学習（Community-based Learning）」による学生の学びと成長は、教養は大学で学術知の専門家が提供する教育のみで育まれるものではないことを示唆している。ここで「地域を基盤とした学習」とは、「学生が指定された地域社会のニーズを満たす組織的なボランティア活動に参加し、コース内容のさらなる理解、学問分野への幅広い理解、市民としての責任感の向上を得るような方法でサービス活動を振り返る教育体験を得る教育方法」である。(1) 私が一三年で延べ約六〇〇人の学生とともに日本や南アジアの農山漁村で活動する中で見た、個人差はありながらもほとんどの学生が学びを得て成長する姿は、地域にある教育力の存在を感じさせた。これら「地域を基盤とした学習」で認められた学生の学びと成長は、地域の何によってもたらされたのだろうか。もし地域で教養が育成されるのだとしたら、それはどのように起こるのだろうか。

1　教養はどこにあるのか

（1）地域にある教育力への気づき

大学生と地域でともに活動すると、学生がびっくりするほど自ら動けないことに気づく。目の前でちょっとした問題が生じた時、それに関する情報を提示することはできても、情報を活用して解決するために必要な、手を動かすこと、体を動かすこと、誰かに聞いてくること、それを基に判断すること、は不得意だ。自分が大学生の頃も同じようなものだったのだろう。一方、学生を連れて入る農山漁村では、地域住民が自分たちの生活や暮らしを維持するための担い手として自立している。ある村で台風によって木が倒れ電線が切れた時、住民たちはお互いに声をかけあい、電力会社がくるまで、道の整備や枝葉の除去など自分たちでできることに淡々と取り組んでいた。こうした個人や家や地域が対峙する小さな問題に地道に取り組んできた経験が、何か問題が生じたときにそれを引き受けて解決していく力を地域住民に育成している。

幼少期から高校まで、大学生の大多数は住宅地で暮らし、家族はオフィス街に位置する会社や事業所等で働いていて、生活している場所と家族が働いている場所が離れている場合が多かっただろう。そういう状況では、家の周辺で起きた小さな問題を引き受けるのは、住民である自分や家族ではなく、行政サービスの担い手になる。例えば、台風の翌朝、いつも遊んでいる公園に桜の木の枝が落ちてグランドが使えなければ、公園を管轄する市役所の土木課に電話して「片付けてください」と言えば、自分たちが木の枝を動かさなくても問題は解決する。ゴミ箱がカラスに荒らされる、大雨で溝が溢れる、通学路の見通しが悪い……困りごとが起きると、管轄の行政に訴え解決してもらう。それが繰り返されるうちに、私たちは地域の小さな問題を引き受ける当事者ではなく、解決を行政に委ねる行政サービスの消費者になってしまった。[2]

写真 8-1　日本での地域活動：中山間地で屋根の修理を手伝う

多くの大学生が、活動に出向いた地域で小さな問題を引き受ける力を持たないのは、本人たちが悪いわけではなく、これまで小さな問題を引き受ける機会をもてなかったためではないか。だから小さな問題に地道に取り組んできた地域住民の中に放り込まれると、如実にその力の差が見えてしまう。「地域を基盤とした学習」は、私たちが失ってしまった、地域で生まれる無数の小さな問題に取り組む機会を大学生に提供する。そうした機会を初めて得られたから学生たちは成長したのだ（写真8-1）。

（2）知識を地域の文脈と調整する力

地域の無数の小さな問題を地道に引き受けることはどのように教育力となるのだろう。そのプロセスを解き明かすために、自分自身の経験を紐解いてみる。

私は獣医学部を卒業後、企業で薬理学の研究者として、その後、途上国でNGOの獣医師として、獣医学や薬理学という専門知を基盤とした研究や診療に従事した。インドの貧困地域の家畜が病気や怪我をした時、移動診療で巡っていた荷馬車集積所や村の家で獣医師の相手をするのは男性だった。インドでは家畜の世話は女性、外から来た人の相手をするのは男性、という男女の役割分担に関わる規範がある。毎日家畜を世話し怪我や病気に関わる正確な情報をもつ女性は、男性の影に隠れて、その情報を獣医師に提供してくれない。だから、診療の精度は低く、家畜の傷病はなかなか改善しなかった。家畜が治癒しないことによって困窮がすすむ世帯を前に、なすすべもない期間が長く続いた。獣医師になるための大学教育では、家畜を飼育する人々と関わり、彼らの社会的背景を踏まえて持てる知識を活用し、彼らにも教えてもらいながら、その要求に応えていく能力は育成されていなかったからだ。

専門知はコンテンツ・ベースの学力として積み上げていくものだ。例えば、獣医学部の専門教育では、コンテンツとして解剖学、生理学、生化学等の基礎科目を学び、それらを応用する内科学、繁殖学等の臨床科目を学ぶ。このようにして積み上げられた専門知を、獣医師としての職務において個人の成果向上や組織の目標達成に向けて活用する。しかし、現実の社会で職務を全うするには、大学教育で積み上げてきた専門知を、対象社会の文脈に合わせて活用する必要がある。そこでは専門知に加えて、対象となる家畜とその家畜を飼う人々、彼らが暮らす地域や社会にある家畜診療に関連する他分野の知識を活用しつつ、効果的に対象に関わることが求められる。それは家畜を飼育する人々との対話によってその地域の規範や慣習を知り、大学教育で学んだ獣医学の知識と調整しながら、治療の障壁となる規範を回避できるよう地道に関係を続けていくことだった。知識を現場で活用することを積み重ねて、他のカースト、村、州、国に適用できる、より汎用性のある関わり方を感じとり体現する資質や能力が磨かれる。この小さな問題に取り組むために、知識と地域の文脈を調整するプロセスが、専門知を学びつつある大学生を「地域を基盤とした学習」によって育てる地域にある教育力ではないだろうか。

（3）コンピテンス概念との共通点

地域の文脈と調整しながら知識を活用して問題を解決するプロセスに対応する能力として、コンピテンス（competence）概念がある。一九五〇年代からさまざまなコンピテンスが語られているが、ここでは先に示した地域の教育力を想起させるOECDのDeSeCoプログラムが提示したコンピテンス概念「ある特定の文脈における複雑な要求に対し、心理社会的な前提条件（認知的側面・非認知側面の両方を含む）の結集を通じてうまく対応する能力」(3)を取り上げる。DeSeCoのコンピテンスの特徴は、すべての個人にとって重要とみなされるキー・コンピテンシーに明確に表れている。キー・コンピテンシーは「異質な人々からなる集団で相互にかかわりあう」「自律的に行動する」「道具を相互作用的に用いる」の三つの機能が組み合わさって相互に作用した産物とされている。(4)そして、それぞれの機能で得た体験をリフレクション（reflection）しながら統合することによって、個人の人生の成功とうまく機能する社会、すなわち個人と社会のウェルビ・ビーイング（Well-being）を叶えるとされる。

ＤｅＳｅＣｏのコンピテンス概念は、文脈によって変化する対象世界・道具や他者との相互作用を想定する。「地域を基盤とした学習」において、地域では、異なる文脈に影響されてきた学生や地域住民、教員がそれぞれ相互に関わり、共同しながら、時には反発し合いながら活動し、課題を解決していくプロセスが起こる。そこでは、言語、ＩＣＴ、大学で学んだ知識などの道具を、彼らは学生同士や地域住民、教員と相互作用的に用いる。そして大学の教室では、地域活動によって新たに得た知識や活動の中で湧き上がった感情を、個人で、集団でリフレクションし俯瞰することで、彼らは地域理解や課題理解、自己理解につなげていく。この間、彼らは地域のよりよい姿を求めて大きな展望を持ち、その中で自分自身のライフプランや個人的なプロジェクトを設計、実行するなど自立的に行動する。すなわち「地域を基盤とした学習」はキー・コンピテンシーを「問題中心の学習や、差異や矛盾を孕む現代生活の複雑な要求に直面する反省的実践、リフレクションのような経験を通じて、間接的に高め」(5)ているると考えられる。

「地域を基盤とした学習」で認められた地域にある教育力は、学生が持つ知識やスキルを、彼らの性格や価値観の影響を受けながら、地域が持つ歴史や社会構造、経済状況に影響された住民との相互作用によって、学生のキー・コンピテンシーを高めるプロセスと考えられる。このようなコンピテンス概念を踏まえた教育は、大学入学までの小・中・高校での学校教育で、すでに実施されているのだろうか。

2　学校教育への危機感と学びの転換

(1) 変わりつつある大学までの学び

学校教育は、長年に渡り領域特殊的な知識・技能（領域固有知識）を基盤に、コンテンツ・ベースで実施されてきた。(6) それは教員が教えた知識のうち子どもに定着した知識の量を評価する学力論を元にした学校教育で、内容中心の教育によって習得した知識を、子どもたちが活用することで優れた問題解決者になり得るという、学習の転移(7)を暗黙理に想定していた。しかし、心理学は一九七〇年台までに転移はそう簡単には起きないし、その範囲も限定的であることを実証し、この前提は崩れたという。(8)

これを受けて近年、コンテンツ・ベースから、領域を越えて機能する汎用性の高い「資質・能力」（コンピテンシー）を軸に、コンピテンシー・ベースでカリキュラムと授業を編み直すための模索が世界中で起きている。1節で述べたOECDのDeSeCoプロジェクトは、キー・コンピテンシーをPISAなどによる国際学力調査に導入し、その問題を通して斬新な学力論を投げかけたのみならず、その成績は日本を含めた世界各国に大きな影響を与えた。その影響はEU域内での教育政策の共通的基本枠組みへの独自のキー・コンピテンシーの作用や、北米での「二一世紀型スキル」による評価を始め、イギリス、オーストラリア、ニュージーランドなどにも波及し、資質・能力に基づくカリキュラムの開発や教育制度の整備が進められている。日本でも新学習指導要領に反映されたコンテンツ・ベースからコンピテンシー・ベースへの学力論の転換を進め、教育に関する主要な問いを「何を知っているか」から「どのような問題解決を現に成し遂げるか(9)」に変えていく後押しとなった。

（２）大学における学びへの懸念

それでは、大学にある学びはどうだろうか。コンピテンス概念は、先に紹介したＤｅＳｅＣｏプログラム以前の一九七〇年代から現在に至るまで企業の人材管理や人事評価、個人が自己能力開発を図る上でコンピテンシー・マネジメントとして活用されてきた。(10) この手法では複数のコンピテンシーから特定の職務に適した汎用的なコンピテンシー・モデルが作られる。これらは日本企業の「社会人基礎力」の取り組みに採用され、大学のＰＢＬ（Project Based Learning）、インターンシップ、授業の評価にも援用されている。「社会人基礎力」や、二〇〇八年の中央教育審議会答申において提案された「学士力」など、学問領域の区別なく身につけるべき汎用的能力は、質保証を目指す大学教育改革でその育成が目指され、その取り組みは、教養教育で増加しているという。(11)

ここで小中高に導入されるＤｅＳｅＣｏのコンピテンス概念と大学で育成が目指されるコンピテンシー・マネジメントとでは、能力の必要性や発揮に関わる文脈依存性と、アプローチ法、そして能力を育成する上での射程の三つの点で大きく異なることに着目したい。一つ目について、ＤｅＳｅＣｏのコンピテンス概念は、文脈によって変化する対象世界・道具や他者との相互作用を想定している。したがってキー・コンピテンシーは、例えばどこの国の、どういう地域のどんな集団の中でどういう能力が必要かなど、文脈に依存して必要とされる能力が変化する。一方、コンピテンシー・マネジメント論では、コンピテンシーは「さまざまな状況を超えて一般化でき、しかも、かなり長期間にわたって持続するような行動や思考の方法」であるとされ、世界のどの国でもどの企業でも同じように通用する能力という意味で、脱文脈化された能力概念である。(12)

二つ目について、ＤｅＳｅＣｏのコンピテンス概念はある特定の文脈における要求に対して、内的属性としてもつ多様な要素を結集して応答する能力で、ホリスティックアプローチを取る。一方、コンピテンシー・マネジメントでは複数のコンピテンシーから特定の職務に適したコンピテンシーを組み合わせて汎用的なコンピテンシー・モデルを作る要素主義的なアプローチである。三つ目について、ＤｅＳｅＣｏの能力概念は職業生活だけでなく市民生活や家庭生活を含む個人の人生とそれを支える環境・条件整備が視野に収められているのに対し、コンピテンシー・マネジメントではその成り立ちから職業生活に焦点化している。

初等中等教育がＤｅＳｅＣｏのコンピテンス概念を踏まえたコンピテンシー・ベースの学力に学びを転換しようとしている中、大学の教養教育でも職業生活を射程に置いた脱文脈化された要素主義的アプローチによる汎用的能力の育成に留まらず、市民生活や家庭生活にもその射程を広げた文脈化されたホリスティックアプローチによるキー・コンピテンシーの向上が求められるのではないだろうか。

（3）市民に育つ教育

市民生活や家庭生活が抱える特定の文脈に関わる要求に対して、自らが持つ知識やスキル、性格や価値観などを結集して応答していくホリスティックアプローチは、その要求の背景から、自分と他者、もしくはその要求を行う他者と別の他者の間にある争点を理解することから始まる。政治学者であるバーナード・クリックは、一九九八年にイギリス政府に提出したシチズンシップ教育に関する政策文書クリック・レポートで、論争的な問題の争点を知ることは、政治的リテラシーを高めていく上で要になると述べている(13)。政治的リテラシーは、社会的・道徳的な責任、地域社会への関与とともに、シチズンシップ教育を構成する要素である。シチズンシップは、民主主義社会の構成員として自立した判断を行い、政治や社会の公的な意思決定に能動的に参加する資質を指す概念であり(14)、何が正しく、何が公正さや正義になっているかを判断する基準となる公共性が、争点を知ることから構築される。

争点を知るとは、争点に関するさまざまな反応・政策・対立を知ることである。そのために推進される政策に関わる知識や対立の場となる諸制度に関する重要な「知識」を得たうえで、自分への影響と他者への影響を踏まえて自分の利害と社会的な責任とを表明する「能力」を発揮し、現実的な政治的判断を行う。この判断をもとに効果的に政治に参加するには、日常生活や学業の中で価値や利害が対立した「経験」や家庭や地域の活動の場に参加し自分の意見を表明し、討議したうえで意思決定をした「経験」によって培われた行動のための技能が必要だとしている(15)。そして現実的な政治的判断と効果的な政治参加が可能な市民によって政治的民主主義が可能になる。ここで、争点を知るからシチズンシップへの進展には、「知識」を持って「能力」を発達させていく上で、「経験」が重要な役割を果たすことに注目したい。これまで、学びの要素として「知識（コンテンツ）」と「能力（コンピテンシー）」を取り上げてきた。次節では学びにおけるシチズンシップ涵養に向けた「経験」について考えてみる。

3 「地域を基盤とした学習」で促される教養

（1）地域で他者にまみれ争点を知る

「地域を基盤とした学習」では、地域や大学で活動や集会に参加し意思決定した経験、価値や利害が対立した経験、周囲に自分の意見を表明する経験など多様な経験を得る。それは、学生たちが、活動する地域の社会的、歴史的、経済的背景を理解し、その地域の文脈を踏まえた活動を、その文脈の中で生きる人々と協働していくプロセスである。地域に入る学生も、それを引率する教職員も、彼らが生まれ育った家庭や地域の文脈に影響された資質・能力を持つ。そうした異なる文脈で生きてきた地域の人々と学生や教職員が出会うとき、知識や価値観、資質や能力の違いから、すれ違いや小さな問題が起こることが多い。多くの学生はそこでモヤモヤとした違和感を感じる。これが、「地域を基盤とした学習」における小さいけれど学びの起点として重要な争点である。

こうした学びの起点は、日本の地域でも南アジアの国でも数えきれないほど起きるが、後者では地域の人々と学生との知識や価値観の違いがより大きいことが反映される。例えば、日本では水道から飲める水はインドの村では井戸から引かれ、飲用水の衛生基準の違いもあって、日本の学生が井戸水をそのまま飲むことはトイレから離れられなくなるリスクを引き受けることを意味する。しかし、日常的に井戸水を飲む村の人々は、灼熱の村での活動後

写真 8-2　南アジアでの地域活動：村の軒先でお話を伺う

に家に戻ってきた学生たちに渇きを癒す冷たい井戸水を運んでくれる。微笑みとともに差し出される井戸水を断る居心地の悪さ、時には思わず口にして被る体調不良は多くの学生が経験する学びの起点だ。学生たちは、それぞれの興味関心に促されてこの起点から多様な争点を見出す。日印の水資源、衛生観念、宗教観、保健医療制度、保健衛生施策など教員が想定する範囲にとどまらず、パワーとは、開発とは、豊かさとは、家族とは、共に生きるとは……、南アジアで過ごす夜、星光りの下で学生たちの議論は尽きることがなかった（写真8-2）。

地域活動に関わる人々の間に起きた論争的な問題の争点を知るために、学生はモヤモヤの背景にある自身や相手を形作ってきた文脈を探り、同時に争点を知るには自分には不足している知識があることに気がつき、その知識を得ようと本を読んだり話を聞きに行ったりする。このように体験で得た感情を起点にした気づきを、より広げるために知識を積み上げ、知識を得るための行動から新たな体験を得て、自分なりの考えを表現することができるようになっていく[16]。この時、集団で活動しリフレクションすることで、お互いが持つ知識を地域活動を媒介にして相互に転移し合う。ここには、学習科学的な転移研究で見出された、学習の転移観が現れていた(17)。

(2) 他者との相互作用がもたらす関係性の変容

「地域を基盤とした学習」に関わる「経験」は争点をめぐる「知識」を積み上げるだけでなく、争点を通して「能力」や資質も育成している。複数の大学で行われた「地域を基盤とした学習」の調査研究から、地域活動に関わるさまざまなアクターの間での相互作用によって、学生と地域の人々の関係性の変化が報告されている(18)。それは例えば「学生さん」と声をかける関係から名前を呼ぶ関係に、さらに彼ならこれを任せられる・頼られて嬉しい、という関係に変わり、最終的には地域の問題を相談する相手になる、授業が終わっても継続して地域に関わる、そうした関係性の進展が認められる。一方で、学生、地域住民、教職員それぞれの活動への優先順位が下がったり、年月が経ちメンバーが変わったりすると、学生と地域住民の関係が、お互い自分を開示し相互に変わり合えていた関係性から、短期的で当該プロジェクトに関してだけ関わるような取引的な関係性に戻ることもある。このように関係性は取引的から変容的へと前進する場合も、取引的から搾取的へと退行する場合も認められ、二者間の関係性が前進と退行を繰り返す関係性のゆらぎが起こった(19)。

さらには、先述したような学生個人と地域住民個人の関係に留まらず、学生団体と地域の人々という集団に視点を広げると、学生と地域の人々の関係性は学生Aと地域の人Aの関係性が変容的な関係性になっていても、学生Bと地域の人Bの関係性は取引的な関係性でいるなど、集団同士に多様な関係性が含まれることもある。さまざまな関係性を結ぶ学生と地域の住民がそれぞれの集団の中にいることで、その集団と集団の間で関係性のゆらぎが起きる。つまり集団間で複数の変化とゆらぎが同時に存在することになる(20)。

シチズンシップの一要素である政治的リテラシーでは、論争的な問題の争点を知ることがシチズンシップを涵養するとされる。「地域を基盤とした学習」では、参画する住民、学生、教職員の間にある争点が顕在化しても、協

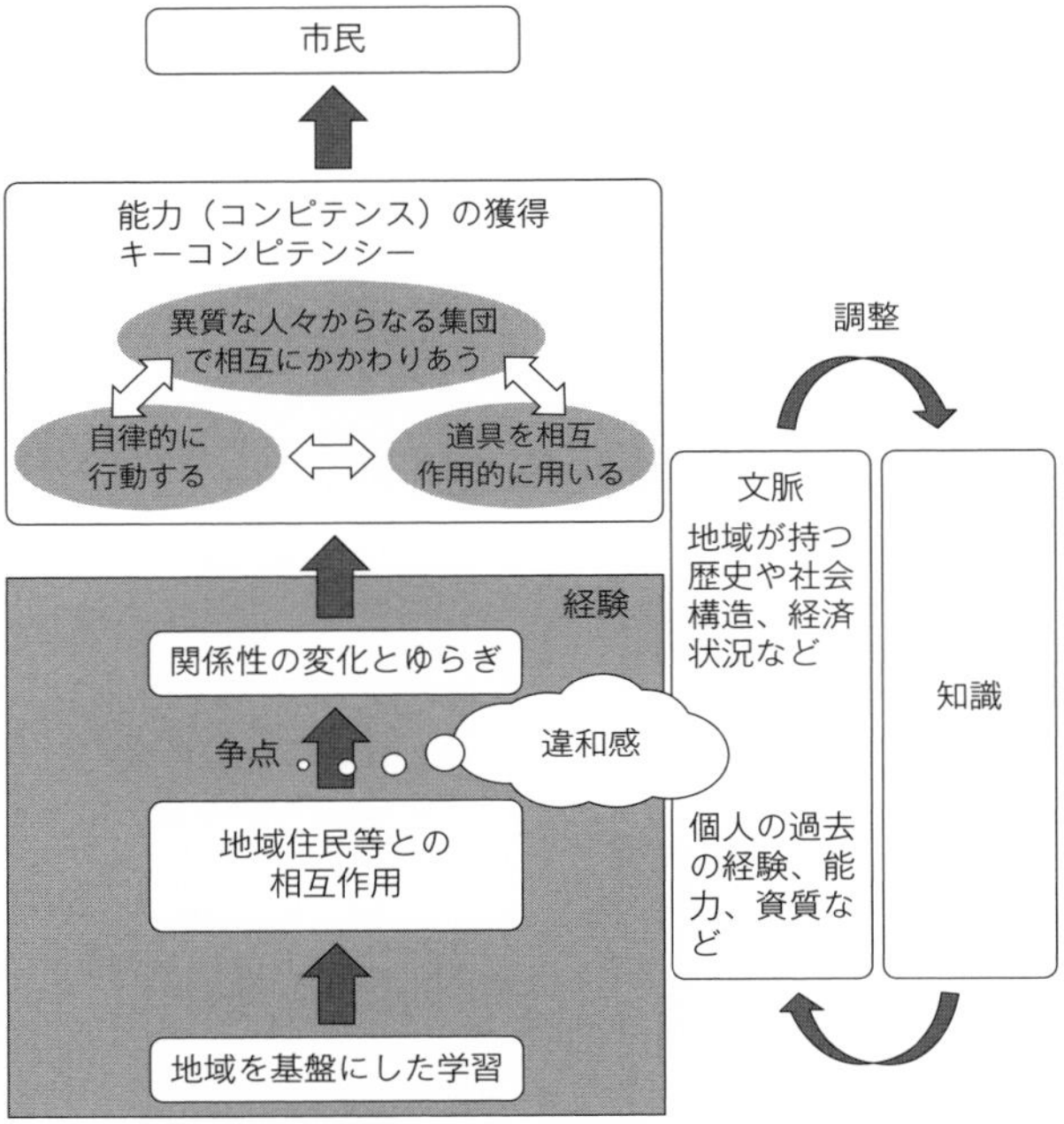

図 8-1　地域の教育力がもたらす教養の過程

出所：筆者作成.

働しながら争点の背景になっているお互いの文脈を理解しあい、争点を対立ではなく相互理解のきっかけにしていく相互作用が関係性の変化とゆらぎをもたらしていた。これら関係性の変化とゆらぎは、自身や学校、学習に対する態度や他者と関わるスキル、責任ある市民性などの成長を促し、特定の文脈における複雑な要求に適切に対応していく能力であるコンピテンシーを向上させていた（図8-1）。

（3）地域の教育力は教養をもたらすのか

最後に地域にある教育力が、これまで述べてきた「地域を基盤とした学習」で発揮され、教養を育成する過程を整理する。「地域を基盤とした学習」では地域において、学生は異なる文脈で生きてきた他者たちと、活動を通して相互に関わり合う経験を持つ。その時、お互いの考え方や価値観、知識の違いを認識する機会となる「争点を知る」が起こる。教育課程として行われている「地域を基盤とした学習」では、学生はこの「争点」に関わる歴史や政治、経済に関する情報を調べ、情報をもとに学生同士や教員と意見を交換し、自分なりの考えを深めていく。地域に関わり続ける限り、「争点」をめぐる知識を増やしながら本や論文に書かれた情報を、自分が関わる地域とそこで暮らす住民の文脈に合わせて調整できるよう考え続け、さらに探究を続ける。このような知ることと考えること、知ることと探究することを結合する教育は、市民に求められるアマチュアの自律的な判断へと開かれた教育、市民的批評に開かれた教育であり[21]、シチズンシップの涵養に資する。また、地域で関わる住民の考え方や価値観を、その地域、住民をめぐる歴史や政治、経済などを踏まえて理解する過程で、地域住民の価値観と異なる自らの価値観、考えを俯瞰し、社会の中に位置づけていく。

大学教員として教養教育を担ってきた本書の著者たちは各自が担当した教養教育研究会で教養を以下のように表わした。「教養とは、歴史と社会の中で自分の現在位置を示す地図を描くことができ、それに基づいて人類社会のために何ができるか、何をなすべきかを知っている状態である[22]」、「教養とは自分が社会の中でどのような位置にあり、社会のために何ができるかを知っている状態、あるいはそれを知ろうと努力している状態である[23]」、「教養とは、「社会の担い手であることを自覚し、公共圏における議論を通じて社会を改善し存続させようとする存在」であるために必要な素養・能力（市民的器量）であり、また、己に「規矩」を課すことによってそうした素養・能力を持つ人格へと自己形成するための過程も意味する[24]」。

共通して語られるのは、社会を俯瞰しよりよい社会に向けた視座を保ちつつ社会の中に自分を位置づけていく過程であった。大学では多様な学問体系を学び、それぞれの科目で得た知識を活用しつつ教員ともしくは学生同士で議論することで、自分と他者との「争点」を認識し、社会の中に自分を位置づけていく教養が培われる。一方、「地域を基盤とした学習」では、学生が「争点」を認識するのは社会に関わり目的を持って行われる活動や話し合いの時で、「争点」はそれを認識した際の感情（違和感、イライラ、怒りなど）を伴う。感情の動き、情動は、推論や意思決定に重要な役割を持ち、知識を伴う理性的思考による論理的判断とともに、現状や未来の見通しに影響することが、神経科学の研究から明らかになりつつある[25]。

理性的思考は自分や他人、集団が持つ目標に対する達成可能性などを、現状に関わる客観的なデータに基づいて論理的に判断し、結論を導き出す。一方、情動はデータとして示すことが難しいような抽象的なレベルで働く。知識や過去の経験の両方に根ざした情動は現状を示す複数のデータに対する重みづけを変え、それによって未来への見通しを変えていく。[26] 感情を伴う文脈に依存した「争点」を知る経験をもたらす「地域を基盤とした学習」は、大学の教室で培われる理性的思考による教養とは異なるプロセスで、大学生の教養を促すことが期待できる。大学の教養と地域の教養、双方を得ることで、学生たちは専門家として、市民として、社会の中に自分を位置づけていくのではないだろうか。

注

（1）地域を基盤とした学習（Community-based Learning）の定義は、Bringle, R.G., Clayton, P.H. & Price, M.F. "Partnerships in Service Learning and Civic Engagement." *Partnerships: A Journal of Service-Learning & Civic Engagement*, Vol.1, No.1, pp.1-20, 2009 による。ここではコミュニティという言葉が示す地理的範囲に対する言及は特にない。また、この学習形態を指す言葉として米国では「サービス・ラーニング（Service Learning：SL）」が作られ、一九九〇年代以降、米国のほとんどの大学やカレッジに普及した。欧州では、二〇一八年から二〇二〇年にＥＵが出資するプロジェクト「高等教育におけるコミュニティ・エンゲージメントのための欧州枠組みに向けて（ＴＥＦＣＥ）」によって各国に普及している。アジアも香港、シンガポール、中国で広がり日本では五五一大学が地域活動を併う教育実践に取り組んでいる。文部科学省委託事業「平成29年度開かれた大学づくりに関する調査研究」二〇一八年、八頁。

（2）鷲田清一『語りきれないこと　危機と傷みの哲学』角川学芸出版、二〇一二年、七二頁。

（3）Rychen & Salganik. "A holistic model of competence." Rychen, Dominique S. & Salganik, Laura H. (Ed.). *Key Competencies for a Successful Life and Well-Functioning Society*, 2003, pp. 41-62.

（4）OECD. *The definition and selection of key competencies: Executive summary.* OECD, 2005.

（5）松下佳代「〈新しい能力〉概念と教育」同編著『〈新しい能力〉は教育を変えるか』ミネルヴァ書房、二〇一〇年、一―四二頁。

（6）奈須正裕『「資質・能力」と学びのメカニズム』東洋館出版、二〇一六年。

（7）認知研究において、学習の転移とは、ある状況で獲得した知識が後の状況での問題解決や学習につながる現象を指す。実験室で参加者の問題解決過程に実験者が外から働きかけて構造的な転移を引き起こそうとする試みはほとんど成功しなかった。しかし、日常場面では転移が自然に生じ、人が有能に振る舞える事実が明らかになった。白水始「認知科学と学習科学における知識の転移」『人工知能学会誌』第二七巻第四号、二〇一二年、三四七―三五八頁。

（8）奈須正裕「学習理論から見たコンピテンシー・ベイスの学力論」奈須正裕・久野弘幸・齊藤一弥編著『知識基盤社会を生き抜く子どもを育てる』ぎょうせい、二〇一四年、五四―八四頁。

（9）奈須正裕「コンピテンシー・ベイスの教育と教科内容研究への期待」『日本教科内容学会誌』第九巻第一号、二〇二三年、三―一四頁。

（10）ここでコンピテンシーは、「ある職務また状況において基準に照らして効果的あるいは卓越した業績を生み出す要因となる個人の基底的特徴」と定義される。Spencer, L. M. & Spencer, S. M. *Competence at Work: Models for Superior Performance*. John Wiley & Sons, New York, 1993, p. 9.

（11）杉原真晃「〈新しい能力〉と教養――高等教育の質保証の中で――」松下佳代編著『〈新しい能力〉は教育を変えるか』ミネルヴァ書房、二〇一〇年。

（12）松下、前掲書、二〇一〇年、一―四二頁。

（13）バーナード・クリック『シチズンシップ教育論』関口正司監訳、法政大学出版局、二〇一一年、一〇二頁。

（14）小玉重夫「デモクラシーの担い手を育てる大学教育――大学生とシチズンシップ――」立教大学ＲＳＬセンター編『リベラルアーツとしてのサービスラーニング―シティズンシップを耕す教育』北樹出版、二〇一八年、七四頁。

（15）クリック、前掲書、二〇一一年、一〇二頁。

（16）秋吉恵・河井亨「大学生のリフレクション・プロセスの探究――サービス・ラーニング科目を事例に――」『名古屋高等教育研究』第一六号、二〇一六年、八七―一〇九頁。

（17）学習科学的な転移研究で見出された、学習の転移観では、学習者自身が転移に備えて自らの知識を「連続するもの」となるように構成・再構成し、周囲の仲間な道具、情報を活用して、その場で「学びながら」問題が解ける、これら一連の過程を協調的な活動が促進し、そこでは正解や完全な説明を与えられずとも、学習者同士が自分達のわかったことを話し合うことによって、不完全な理解を高め、転移に備えた知識を構成できる（白水、前掲書）。

（18）秋吉恵・森田恵・奥貫麻紀・秦憲志「大学生の地域活動は地域に何かをもたらし得るのか？――活動に関わるアクター間の関

係性からの考察――」『ボランティア学研究』第二三号、二〇二三年、五七―六八頁。

右記文献での分析枠組みを示したClaytonらは、コミュニティ・ベースド・ラーニングやサービス・ラーニングに関わるアクター間の相互作用による関係性は、搾取的関係性、取引的関係性、変容的関係性に分けて評価でき、これら関係性の変化が活動に伴い起こること、それは一方向ではなく退行もあり得る。

Clayton, P., Bringle, R., Senor, B., Huq, J. & Morrison, M. "Differentiating and assessing relationships in service learning and civic engagement: Exploitative, transactional, or transformational." *Michigan Journal of Community Service Learning*, Vol. 16, No. 2, 2012, pp. 5-21.

(19) 秋吉ほか、前掲書、二〇二三年、五九―六四頁。

(20) 秋吉ほか、前掲書、二〇二三年、六四―六六頁。

(21) 小玉重夫「民主的市民の育成と教育カリキュラム」秋田喜代美編『教育変革への展望5　学びとカリキュラム』岩波書店、二〇一七年、一九三頁。

(22) 第七回教養教育研究会「『教養知』とは何か――哲学の視点から――」で、野家啓一『学術の動向』日本学術協力財団、二〇〇八年を基に言及された。

(23) 第七回教養教育研究会「『教養知』とは何か――哲学の視点から――」で、阿部謹也『学問と「世間」』岩波新書、二〇〇一年を基に言及された。

(24) 戸田山和久　第九回教養教育研究会発表資料、「教養の哲学を具体化する――教養論としてのカリキュラム――」二〇二二年。

(25) Gonczi, A. "Teaching and Learning of the Key Competencies." Rychen, D.S. et al., ed. *Contributions to the Second DeSeCo Symposium*, 2002, pp. 119-131.

(26) 脳の機能を研究するための技術的な進歩によって、恐怖、怒り、寂しさ、嫌悪感、喜び、驚きという基本的な情動は、単一の情動ではなく、一定の範囲に含まれるさまざまな感情をまとめて表したものであ理、その範囲も明瞭に区別できるものではないことが示されている。これら感情神経科学の発展によって、情動の影響を受けないと決断や思考ができないことがわかりつつある。

レナード・ムロディナウ『「感情」は最強の武器である――「情動的知能」という生存戦略――』水谷淳訳、東洋経済新報社、二〇二三年。

第9章　学びほぐしと教養の知
——臨床の知と教養の知の交差をとおした社会人の学び——

中村　正

1　臨床の場からのアンラーン unlearn

(1) 学びほぐしとしてのアンラーン

徳永進医師（二〇〇一年、鳥取市内にホスピスケアのある「野の花診療所」を開設）と対談した哲学者の鶴見俊輔さんが「対談の後、考えた」と題して次のように記している。(1)

戦前、私はニューヨークでヘレン・ケラー（一八八〇—一九六八）に会った。私が大学生であると知ると、「私は大学でたくさんのことを学んだが、そのあとたくさん、学びほぐさなければならなかった」といった。学び（ラーン）、のちに学びほぐす（アンラーン）。「アンラーン」ということばは初めて聞いたが、意味はわかった。型通りにセーターを編み、ほどいて元の毛糸に戻して自分の体に合わせて編みなおすという情景が想像された。大学で学ぶ知識はむろん必要だ。しかし覚えただけでは役に立たない。それを学びほぐしたものが血となり肉となる。

徳永は臨床の場にいることによって、「アンラーン」した医者である。アンラーンの必要性はもっと考えられてよい。

徳永医師は臨床の場での取り組みとして対談でこう発言している。

今、医療も患者の意思を尊重するなどよくなってきてはいますが、これがよいからこうしなければならないと、型にはまって閉ざされています。医療も教育もマニュアルが現場に下りてくるときにはそうなっているんです。現場では、その画一化からはみだす『その他』が必要なのに。……私が医者になったころ、自宅で亡くなる人と病院で亡くなる人は半々でした。今、自宅で亡くなる人は一割程度なんです。自宅か病院かではなく、両方を行き来できる死があっていいと思う。できれば、不自由になっても弁当を配達してくれる「国民食堂」を開いて、お年寄りが一人で暮らせるまちにして、治療共同体をつくりたい。「その他」というのは今、はみ出していく者がつくり出すしかないのでしょう。

(2) アンラーンと教養の知

その後、配食サービスもでき、類似の「子ども食堂」が隆盛し、地域での介護をはじめとした治療共同体も展開されるようになった。先見の明ある徳永医師の取り組みのなかに「臨床の場から生成するアンラーン」を鶴見さんは捉えた。

アンラーンは、①それまでの知を相対化する、②当事者の目線に立つ、③生きる場において知を活かす、④個別化する、⑤応用するなどと整理することができる。実証主義科学の限界に対置して「臨床の知」を提起した中村雄二郎さん(2)にも学びながら、筆者は、対人援助分野で学び続ける社会人と知の創造を協働する過程で、こうした視点の重要性に気づいた。同時に、それまで身につけてきた知を刷新することのできる社会人の力は教養の知でもあるのではないかと考えさせられてきた。

筆者はこうしたことに感化され、二〇〇一年度に、立命館大学の新しい大学院を創設した（応用人間科学研究科という。今は、人間科学研究科に改組転換）。対人援助分野の社会人を大幅に受け入れた。社会人向けの大学院教育をとおしてアンラーンを意図した研究の場づくりとした。徳永医師と同じように、深掘りするだけではない、「広がりのなかの知」が存在していることを対人援助分野で感じていたからである。

もちろんアンラーンはこれまでの学習のすべてを否定するものでない。ラーンがなければアンラーンはない。「正の学習転移」という意味である。「負の学習転移」は前の学習経験がそうした応用を邪魔しているという事態である。これは知の自己更新、学習システムの高度化といえる。臨床の場にはこうした意味でのアンラーンが多様に機能しているので、それを大学院の教育にフィードバックすることを意図した。自由で創造的な知のために深い専門性を拡張し、狭い専門性を内破する知の構築をめざした。以下、対人援助に関わる社会人のアンラーンの知の様相を手がかりとして教養の知について考えていきたい。

2　横につながるネットワーク型の知の創造

(1)　対人援助分野における社会人の学び

臨床の場においてアンラーンは珍しいことではないし、ある程度の蓄積が飽和すると個々の臨床実践を取り巻くもう一回り大きなシステムのアンラーンに向かう。対人援助に関わる現代の焦眉の課題をいくつか取り出し、そこで作用している知の様態について検討することから専門職社会人の教養の知が作用していることを検討してみたい。こうした分野の社会人と臨床の現場で関わることが多い筆者は、対人援助に関わる者の共通言語を開発すべく、当事者のニーズの理解やそれに応答する横断的な実践の知・臨床の知へと展開している社会人と協働しながら知を拓く活動を展開している。対人援助分野では、すでに細分化された専門性があり、資格更新のための点数制もよく機能しているので社会人のアンラーンはハードルが高い。

専門家と関わりながら思うハードルは、深く掘り下げられていくと横につながりにくいという点である。しかし解決すべき「問題」やその当事者のニーズを中心にしてみると領域を越境する知の必要性がみえてくる。そして臨床家個人のアンラーンだけにとどまらず、本来は対人援助システムそれ自体のアンラーンへと至るべき事柄も多い。多層的なアンラーンには視点や言葉の共有が必要となる。深い専門性だけではなく、広くつながる関係性の交点・交差のなかでアンラーンが輻輳する様子を絶えず意識している。

（2）新しい対人援助の課題と領域の事例（その1）――社会的養育とフォスタリング・ソーシャルワーカーの知――

現代の対人援助は、看護、心理、医療、教育、福祉、保健、司法など、法律や制度に根拠を置くこともあり、伝統的な職域に分けられている。しかし、当事者のニーズを中心に考えると、多職種が連携・協働した取り組みが求められる。そこでプロジェクトを組織した。国の行政組織である子ども家庭庁（二〇二三年度）が発足した背景に関連し、児童福祉の専門職を対象にした施設養育ではない広がりのある社会的養育の専門職者として知の洗練化をねらったフォスタリング・ソーシャルワーカー養成講座を開講した。生まれた家族と離れて暮らす社会的養育の子どものおかれている状況について「ライフストーリーワーク」という援助技術を中心にして子どもの権利実現のためのアプローチの仕方を学び、子ども家庭福祉分野の専門力能を高める講座である。子ども中心の対人援助について専門職者や組織が横につながることもねらった。

社会的養育は、何らかの理由で家族のもとで育つことができない未成年を児童福祉として育ててあげることである。さらに二〇代前半の自立も展望してケアリーバー（社会的養育出身者）と位置づけた支援が二二歳頃まで想定されている。自立直後の課題も大きく少なくとも一年間の支援ニーズに応答することが社会課題となっている。これまで施設養育中心だった社会的養育を家庭的養育へと切り替えていく大規模な「子ども家庭福祉の改革」が進行中で、媒介する専門職者をフォスタリング・ソーシャルワーカーという。二〇一九年度から日本財団の支援で立命館大学人間科学研究所臨床社会学プロジェクトとして開催した。今後、里親支援機関が社会福祉施設として位置づけられ各地で整備が進む。そこで働くソーシャルワーカが足りないことを見越しての研修である。子どもを養育する里親を支援する日本初のフォスタリング・ソーシャルワーク専門職講座である。五年間で一〇〇名の社会的養育に就く社会人受講生が輩出されるので、ひきつづき事例検討の会として継続し、そこで機能している実践・臨床の知を蓄積していく予定である。これは子ども家庭福祉の実践と理論の大規模なアンラーンとなる。

専門職講座では家族理解力を高める。家族理解は家族療法の理論や家族システム論をもとにしたファミリーグループダイナミクスをみる力と考えている。その子どもを取り巻く家族が複数存在するのが里親里子関係の家族である。生まれた家族、養護施設での育ち、里親家族、さらに一八歳以降に自らが構成していく家族と幾重にも家族体験をするのが里子である。里親が複数になる場合もある。さらにフォスタリング・ソーシャルワークに熟練していく過程では、里親家族が暮らすエコマップの理解も重視している。保育園や幼稚園、学校、児童相談所などのコミュニティの状況を理解するという意味である。これをエコマッピングという。まとめて「家族をシステムとしてエコロジカルにみること」として位置づけ、見立ての力をつけていく。この講座の背景にある臨床社会学的家族理論である。

家族はシステムとして生きている。臨床的な家族の相互作用の仕方を見極める力がソーシャルワーカーには要請される。愛されたい欲望による操作性、アタッチメントに課題のある相互作用が起こることもある。養育者の救済者願望やケア役割を刺激する巻き込みの相互作用、何らかのトラウマ的な絆の形成、依存的な関係を求める相互作用もある。実に多様な家族問題が社会的養育では起こる。こうした中を生きる里子の力は複数の家族を生きていくなかで身につける物語る力といえる。具体的にはライフストーリーワークとして、真実告知も含めてどのように里親と里子が自らの人生の物語を描けるのか、それを支援するソーシャルワークの理念と手法を研修する。

家族という関係は相互依存の体系であり、愛情という感情作用によって保持されつづける関係である。相互依存は立場の強い者と弱い者の関係を含む。もちろん強い者であっても弱い者が存在してはじめて成り立つ関係だから自立と依存の関係は複雑である。子どもは確かに弱い存在だが、大人を親にする力をもっている。子どもは「弱いけど強い」存在である。そうした関係性の機微は家族だからこその強みとなる。多様に張り巡らされた相互依存の網の目が家族システムを強化したり、弱めたりする。里子は社会のもつ養育力を強化してくれる存在である。社会が人を育てる力を高めていく試金石の一つである。里親里子関係を見守る高度な専門職の実践に正解はない。暗黙の知、実践の知といえる。基礎として身につけるべき知は総合的である。これをまとめて「臨床の知・省察の知」として構成している。里子を支える人を支えるフォスタリング・ソーシャルワーカーに必要な知は、伝統的な福祉の知よりも広い。

筆者はスーパーバイスでこんな事案に出会った。四歳の里子が「僕には二つの苗字があるんだ！」と友達に話す。ここから真実告知が始まる。どんな気持ちなのかを斟酌し里親にライフストーリワークを勧める。人生の物語化に寄り添うことになる。社会の矛盾を里親里子関係に読み取り、個別のケアに寄り添うソーシャルワークである。正解はないが、子どもの出自を知る権利の具体化としてのライフストーリワークと真実告知がその中心にあることの理解は共通にある。なかにはすべての真実がわからない事例もある。自分の出自については知らないことを引き受けるという子どもの育ちを育むことになる。大学では教わらなかった知である。臨床の場だからこそのアンラーンとなる。

（3）新しい対人援助の領域と課題の事例（その2）――治療的司法への関心――

さらに対人援助と関わる司法の分野でも課題が山積している。研究プロジェクトとして、仲間と治療的司法研究会を組織している。関連する社会制度としては、地域生活定着支援事業があり、各地で刑務所や少年院をでた後の更生保護に関わる仕事を担当している。社会福祉士や精神保健福祉士が任につく。大学などの社会福祉士養成課程でも学習しておらず、刑事政策と福祉・心理が交差する新しい領域である。

治療的司法という新しい概念を媒介にして対人援助職の方々がネットワークすべき事案を取り上げて事例検討会を開催している。(3) 例えば、窃盗事案、万引きやひったくりなど軽微な事案を中心に、それが頻回に繰り返され、嗜癖的行動となっているクレプトマニア（窃盗症）といわれる人々を想定し、どのような治療的対応が要請されているのかについて話題になる。犯罪や非行の背後にある発達障害、知的障害の方、さらに境界知能域の方の要支援ニーズに応答する司法へと法廷を舞台にアンラーンの取り組みの必要性を強調してきた。争点は刑罰だけではない回復や再生につなげる司法のあり方である。

当事者の回復はニーズオリエンテッド（needs oriented）に進められるべきである。この領域でいえば、再犯防止とハームリダクション政策（有害性を徐々に縮減していく政策）、加害者臨床と当事者のニーズ、治療的司法・臨床法学という概念生成となる。これに関わり筆者は、情状鑑定を行なっている。ここ三年ほどで、殺人罪で起訴された事案を二件担当した。一つは嘱託殺人罪に、もう一つは傷害致死罪となった。それぞれ生育歴や情状が斟酌された。さらに執行猶予がつく薬物事犯も担当した。特に裁判員裁判なので、司法への市民参加の視点からみても治療と回復につなげ、再発・再犯防止を位置づけることの必要性を主張する。裁判官は高度な専門知をもとに判断するが、裁判員は市民の知を合流させる。情状鑑定がこれを媒介する。意識していることは、責任能力を鑑定する精神科医や死因などを鑑定する法医学者の専門知とは異なる、臨床社会学の知にもとづく心理社会的な鑑定であり、市民の知への橋渡しである。

この治療的司法は日本では新しい概念である。司法に関わる臨床をしていると社会病理の現実を生きる人々と出会うことが多い。これまでの更生保護や再犯防止の解決法では間尺に合わない、つまり法的な処罰だけでは問題解決しない人たちばかりである。援助実践者の想像力と選択肢の幅を相当に広げておかないと対応ができない。社会病理の渦中を生きている人たちの、今までとは異なる思考と行動の選択肢を社会が準備すべきだろう。当事者のニーズにあわせて開発、拡大、活用していくことが脱暴力や更生保護に関わるアンラーンとなる。対人暴力のある人、薬物やアルコールの嗜癖（アディクション）のある人、性問題行動に溺れていく人などに届く、それまでの問題解決法ではない生き方を身につけていく、つまりアンラーンを可能にするための対人援助である。そのためにも司法が変化しなければならない。

　治療と回復の取り組みの実装は、司法に関わる臨床における基本となるべきだが、応報的な厳罰化が強く、当該の個人を罰する行為責任主義もあり、回復にはなかなか歩み出せないことや社会制度が連携していないことを可視化させたのが治療的司法の考え方である。例えば依存症を対象にして「条件反射刺激制御法プログラム」[4]という回復のための方策がある。これは医療の領域で問題行動の脱学習のために開発されてきた。脳が学習した問題行動の誘発となる刺激条件への神経反応次元での、逸脱的行動を脱学習するためのアンラーンの取り組みである。ものの考え方や対処の仕方を変更していく認知行動療法も同じように臨床の各領域で用いられている。再犯防止教育に応用され、習慣となった逸脱的な問題解決行動を変容させていく。当人のアンラーンへの治療的関与の方法と、犯罪の背景にある要支援ニーズをつなぐには司法のアンラーンが不可欠である。司法と福祉をつなぐための概念がまだ定着していないが、治療的司法の形成に関心のある弁護士の意識的な活動をとおして事案ごとに普及させている。

　これは深く掘り下げていく専門知とは別に、広くネットワークしていく知である。ケースを掘りさげてゆく「深さの知」を回復を考える「広さの知」と交差させていく過程で当事者ニーズの問題解決に向かう「つなげる知」の重要性を意識した取り組みといえる。求められていることは当事者ニーズに応答することである。例えば、摂食障害のあるクレプトマニア（窃盗症）に罰を与え続けてもその人のニーズには届かない。罰はさらに社会的孤立を深め、経済的困窮をもたらし、食べ吐きのために食べ物をさらに盗むことになる。弁護士事務所に心理士や福祉士、そして就労支援者などが出入りする必要がある。そんな法廷技術と治療的司法という制度改革へと至るケースとなるように多元的にアンラーンが進行する。

（4）深さと広さの知の交差こそがつなげる知となること

こうした専門職社会人の知の更新を持続するため、諸分野を横断し、仲間の研究者たちと「対人援助学会」（二〇一一年発足）を組織した。学会の理念を次のように定式化した。

対人援助実践におけるスタンスをどのようにとるか、あるいはどのような手順によって進むことが最も効果的で機能的であるのか、という実践作業の絶えざる自己評価を通じ、生きる権利を有した人格に対する畏敬の念を抱きながら、対人援助という二人称的行為を公共的に表現しなくてはなりません。そして、一人ひとりが個々の独立した人格体として、その存在を社会的に認められるよう、個人的なミクロレベルの直接的援助のみならず、社会に向けてマクロレベルの組織や制度のあり方を提案する援護活動（アドボカシー）によって、社会の再構築にも取り組まなければなりません。

これは個人（ミクロ）と社会（マクロ）のアンラーンを交差させる試みである。専門的になりすぎる傾向のある対人援助の反省に立って、横につながる多職種連携と臨床の知の創出を意図した。臨床の場に根ざした知だからこそ「つながる・広がる」ネットワーク型のアンラーンが可能となる。そのように位置づけた共通言語の創造のための場である。当事者ニーズの実現のために個別化・細部化された専門の知は無力であることを知る場ともなっている。そこからアンラーンが始まる。社会的養育、治療的司法などの新しい概念の生成と実践のボトムアップから知の更新へと至る事例である。

3　大学教育にアンラーンをどう組み込むか

（1）大学でのアンラーン

社会人の学びはアンラーンの連続であるが、柔軟な知の変容を可能にする社会人はどのように養成されていくのだろうか。それと共通する問いがそもそも大学教育にアンラーンをいかに組み込んでいくのかである。ラーンの渦中にあるなかで将来、アンラーンする契機の組み込みが欠かせないと考えるのは、この時代と社会の不安定さがあるからだ。

しかし現実は、大学がユニバーサル段階（進学率が五〇％を超えること。二〇二一年度の四年制大学進学率は五六・六％、短大・専門学校なども含む高等教育機関全体への進学率は八三・八％となっている。文科省の学校基本調査より）に到達したこともあり、ラーンの体系化はますます要請されている。筆者の大学時代、一九七〇年代後半期の進学率、三五％程度に比べると組織的な教育に関わる取り組みが盛んである。ひとことでいえば「学校化」している。システムになっている。しかし、教育しすぎると「教育の逆生産性」（イバン・イリイチ）[5]が現れてくる。とはいえアンラーンにはラーンが必要なことは間違いない。アンラーンすべき前提の知識が必要となる。アンラーンを意識したラーンであるとよい。アンラーンがないと「大学の学校化」という事態が進行するだけだ。教育を組織的に行うことは大衆化した大学なので当然のことだが、学校化すればするほど学びほぐしの役割を、同時にアンラーンとして可視化、言語化しておく必要がある。

学び続ける社会人の学習の様態をみるにつけ、アンラーンする力は、意識的に大学教育に組み込んでおくべき課題となる。社会人たちは、学生時代に何を学んだのだろうか。卒業生たちは、直接学んだことの内容だけではなく、柔軟な考え方、問題の見方や捉え方、手続き的な知識、他者との協働を語る。ひとことでいえば「学び方を学んだ」ことだという。現代社会は、絶えず変化する状況へと自己が投げ出されていく。保護区のようにして存在している大学までの学びを終え、社会にでて実践のなかで試されていく。変化に対応する力が求められる。挑戦的な課題、挫折への対応力も求められる。この時に発揮できる力、異なる場面でも展開できる力は何かということに関心が向かう。

(2) 学習転移の力を組み込む

社会生活は絶えざる移行の連続である。高校から大学への入学、そこで機能する初年次教育、卒業とキャリア形成、離転職、セカンドキャリア形成、定年準備もすべて「移行」である。移行期には、「学習転移力」が問われる。そのたびにアンラーンすることになる。さらに不確実な時代となっている。コロナ対応も突然だった。予期できないことにも対応できるような学びをどうするかが課題である。社会もまたアンラーンする力を組み込むことを余儀なくされた。

つまり、自分の職業行動の洗練の仕方についてどのようにマネジメントできるか、どのようにリフレクション(内省や省察)できるか、自己を再構成できるかが「移行期」のたびに大事となる。こうした自己の更新が現代では要請されるので、ラーンの渦中にある学生にアンラーンは同時には難しいが、両者の適切なバランスを大学教育に仕込んでおくことがますます求められていると実感している。

こうして筆者は、大学教育でも社会人の学びにおいても、アンラーンという言葉に釘づけとなった。アンラーンの考え方を発展させると、「学習者が中心となる教育」を重視すべきだと考えた。二〇〇七年度から二〇一二年度まで立命館大学の教学部門の担当をしていた。その際の諸政策に通底するテーマとして「学習者が中心となる教育」について提案した。学びは、教える者、つまり教員中心ではないという思いを強くしたのは、自らの大学時代の学びがそうだったからである。学生たちの学習姿勢に共通している点、思考・認知の能力の発達と非認知的な能力の発達が相互に関わり、学習者としてのアイデンティティの形成がなされていくことに気づいた。教授すること、正式のカリキュラム、教室での勉強や学習やその指示、教科書や参考書の読書指定、正統な知の摂取とその評価、自己理解と他者理解と世界理解の相関性などの、教育と学習を取り囲んでいる一回り大きな学びの時空間と学ぶ者のマインドやシステムという生態がある。(6)

そこにみえてきたのは「学習」と「学習者」だ。その当事者たちがラーンをして、アンラーンする。学ぶ内容だけではなくその内容は学生が生きているコンテキストに届かないと知としては腑に落ちていかない。自分のこと、社会のこと、世界のことがつながらないと、単なる学校での「公式の学び」として形骸化していく。どうしてこれを学ぶのか、学び方を学ぶことの大切さ、真理の探究と大学の役割などが自己を媒介にしてつながるその起点に、いかに生きるべきかを問うことのできる教養知が位置づく。外的な世界のことを「自己＝私」による実践と実装をとおして目の前の「他者」との二人称的な関係づけのなかで具現化する。「自己＝私」「他者」との関係づけをラーンの過程にいかに組み込むか、学ぶ主体の形成と動機形成が共振しながら、まずはこの社会で生きることと学ぶ者としての主体の形成をつなぐというラーンの仕方を重視した。

4　オートエスノグラフィという知
――「私」というポジショナリティと関連して――

（1）自己＝私を起点にした問い――いかに生きるかを組み込む――

大学生たちはラーンの連続のなかでアンラーンの力を養う必要がある。まずは高校までの教育で身につけた学習態度のアンラーンだろう。コロナ対応で進んだ高校までの学びの変化がある。特にデジタルネイティブ世代でオンライン教育に慣れ親しんだこともあり、学びの技術面のアンラーンは急速に進んでいるともいえる。変化している相を視野に入れるべき面もある。むしろ大学が遅れていて、アンラーンすべき点が多い。技術面での変化が学びの態度にいかなる変容をもたらすのかまだ見極められないが、学習の意欲や動機に関わるアンラーンがないと大学教育へと移行できない。どんな分野であれ知的な主体の「私」の創発が鍵となる。つまり、「自己＝私」を介して社会に出会う。正の学習転移の中心に学問という営為はどう関係するのか、特に教養の知はどう作用するのか、考えてみたい。

例えば教育学を学ぶ際、自らの学校体験をもとに教育と学習の営みを省察させることができる。そのことで教育学の基礎を理解する試みとなる。心理臨床教育でも教育分析という手法がある。対人援助職、カウンセラーを職業としている人が、訓練の一環として、自分のことを振り返り、より深みのある臨床ができるようになるためにベテランの臨床家からカウンセリングや精神分析を受けることである。マイノリティの研究もこれに近い。被差別体験や被暴力・虐待の体験のナラティブも同じだろう。福祉分野でもケアの体験分析やライフストーリワークを自ら行うこともある。これを自己覚知という。対人援助分野にはこうした自己＝私との関連を問う機会がある。これを広く研究手法へと昇華させていく。教養の知に近い方法論や知識論が存在する。その典型としてオートエスノグラフィと呼ばれている手法を紹介しておこう。以下の自己エスノグラフィーと同じ意味で使っている。キャロリン・エリス＆アーサー・ボクナー「自己エスノグラフィー・個人的語り・再帰性——研究対象としての研究者——」論文から紹介しておきたい(7)。

エリスは、学術的だとされる研究は「三人称の受動態で書かれている」（一三〇頁、以下、本節の引用の数字はこの翻訳書の頁）という批判から始める。科学論文でよくある「〇〇の結果は……と示唆される。」という類いの実証研究である。主語はない。研究データ、エビデンスがそのような意味をもつというのだが、真実はもっと大きなものであり、その一部を実証しただけだという。真実はわからず、神のみぞ知るということになる。だから学術書では、個人としての立場がまったくふれられず、「三人称受動態」が基準とされ、個人が実際に見たものを一人称で語ることより、抽象的でカテゴリー化された知識を示すことが重んじられているという（一三〇頁）。「ほとんどの書き手は一人称で書くことを選ぶことさえできない。自分を操る支配的規範に見合った学問的表現によって、自縄自縛にあっている。そして、いったん、匿名的表現が規範となると、一個人として自己を語るような物語は、逸脱した表現とされてしまう」（一三〇頁）のだと批判する。

こうして科学的研究は、主体性や個人の経験を消し去る。しかし、現実はそうではない。「多面的視点、固定的でない意味、複数の声、理論の単一性、要求に違背する知識のローカル性や不規則性をとおして、テクストに関する読み手の解釈の余地は、かなり広範なものであることを教えられた」（一三一頁）。これを掬い取るのは「自己エスノグラフィー」というわけだ。オートエスノグラフィともいうこの手法は、「自分自身の個人的な生を重視する」、そして「自分の身体感覚や思考や感情に注意を払う」ことになる。「自分の生きられた経験を理解するために、体系的な社会学的内省と感情的想起と私が呼ぶものを使いながらね。最後は、物語として自分の経験を記述する。たいていの社会科学者は、うまく書けないでしょうね。というのは、彼らは、自分の感情や経験した矛盾を、きちんと内省しようとはしないから。皮肉っぽくいえば、彼らは、自分が関わる世界をちゃんと観察していないわけ。自己エスノグラフィーが求める自分への問いかけというのは、やっぱりむずかしいのよね」（一三四頁）と皮肉を込め三人称受動態を批判する。

オートエスノグラフィは、「バルネラブルな自己というものを開示することになる」（一三六頁）。エリスはオートエスノグラフィのなかでも「再帰的エスノグラフィー」との関連を重視し、とりわけフェミニズムは自叙伝における「声」の存在を正統化することに、著しい貢献をしてきたと評価する。また、オートエスノグラフィは「観察者を観察すること」ができる。参加者の相互行為を含む過程を、研究対象の中心と見なす。「再帰的エスノグラフィー」の実践者にとって、「自らの感覚全体、身体、動作、感情、自己の存在そのものを活用すること」が目指される。これは「すなわち他者を知るために『自己』を用いることが理想なのである」という（一三八頁）。

また、オートエスノグラフィ批判の一つに「個人の語りはロマンティックな構築か」という問いがあるという。

「物語は、再編成であり、再論であり、創出であり、削除であり、修正なのです」、「物語は、人の生の事実をそのまま映し出すという中立的な試みではないからです。また、物語は、すでに構成されてしまった意味を元に戻そうともしません」（一四五頁）、「生きることは、語ることに先立ってあり、かつ生きることによって、語りから意味が導き出されるのです」（一四四頁）、「語りとは、生きることについて何事か語ることであり、かつそれは、生きることの一部なのです」とまとめる。

（2）オートエスノグラフィの意義

こうしたオートエスノグラフィを支えている知識論がある。それは、知識は人間の心とは関係なく存在するということはあり得ないということである。「あらゆる真理は、人間の表現するという活動に依存している」、「重要なのは物語によって考えることであって、物語について考えることでない」、「物語によって考えるとは、物語と共鳴し、そこに自分を投影し、自分を物語の一部にしていくこと」なのだという。実証主義の研究者たちは、「バイアス、妥当性、適格性基準、操作性、統制変数、撹乱要因、モデル構成、再現可能性、客観性」という視点からオートエスノグラフィを批判する。そこで、エリスは「文学、文学的許容、想起的、バルネラビリティ、語り的真実、本当らしさ、相互行為、癒し」などの言葉を連発しながら、反論をしたという（一六二頁）。

質的研究と量的研究、科学と物語など、いささか二項対立的な整理であるが、オートエスノグラフィという方法は教養の知とは何かを考えるのに役立つ。「自己＝私」を介して社会を理解することに他ならないからである。オートエスノグラフィを参照したのは、量的研究と対比した質的研究を紹介したいからではない。社会構築主義的なパラダイムに立つと、例えば学問を得ていく過程で、「実証主義的な立ち位置の私」が成立する。科学者のコミュニティに周辺から参加をしていくが、その中心は何かと問うべきだ。実証主義批判もあり、それも重ねてラーンをすることになる。実証主義的なものの見方を身につけつつ、その限界も理解をすることでアンラーンの萌芽を組み込むことになる。近代の生き方が科学技術の主導する社会管理という支配的な物語となっていくことを反省する知のあり方となる。これを可能にするのは教養の知に他ならない。教養の知は、「学ぶ私の意味を問う」ことができる。

5　教養の知の役割
――認識的不正義――

自分ごと＝私ごとに埋め込まれていることを劈《つんざ》いていく。そこにこそアンラーンを可能にする知が添木のように機能する。まだ見えていないことを捕捉する。言葉が欠落していることを指摘する。アンラーンをとおして透視できる領野には、人権問題がある。アンラーンしなければならない社会の課題を理解するための重要な言葉の一つが認識的不正義である。これは何かを問題だと定義する言葉がないことを指摘する。

筆者は暴力問題の臨床社会学を専門にしている。対人暴力問題はめまぐるしく変化し、矢継ぎ早に法律が制定されてきた。特に二〇〇〇年代に入って新しい法律が成立した。ストーキング行為、ドメスティックバイオレンス（DV）、セクシュアルハラスメント、パワーハラスメント、子ども虐待や高齢者虐待、リベンジポルノ、ヘイトクラム・ヘイトスピーチ等の比較的新しい概念をもとにして制度・政策が構築されてきた。それを基礎づける社会病理・社会問題を語る言葉も目まぐるしく変容している。例えば不登校問題を例示しておこう。学校恐怖症、長期欠席不就学、登校拒否、そして不登校へと急速に変化した。ひきこもり、発達障害も類似の新しい言葉群だ。精神分裂病は統合失調症に、呆けは認知症にかわった。ジェンダーも日本語になりにくいが流通している。言葉の創造をとおしてこそ社会的現実が現前化する。刑法の性犯罪規定も、二〇一七年から二〇二三年にかけて、強姦罪、強制性交等罪、そして不同意性交罪へと名称を変えてきた。それを被害として認知できる語彙と意味づけが不可欠である。社会が問題を語る言葉を変化させていくということは、社会のアンラーンであり、個人のアンラーンとはまた異なる位相にあるものだ。

社会にその問題を語る語彙と意味の体系がないことを認識的不正義という。[8] 言葉・概念がないので現実が構築できない事態だ。被害も認知できず、加害を告発もできない。何らかの解決すべき問題となる実体はそこに存在するのに、認識し、理解し、批判し、告発できないのだ。認識的不正義をとおして人権問題が透視できる。そして多くは暴力として社会的に共有されていないことを告発し、批判してきた。

こうして、これまでも存在したことが次々と暴力として定義されてきた。それまでの被害を語り、人権侵害として共有されていく過程に社会の認識次元でのアンラーンがあり、認識的不正義が修正されていく。社会それ自身もまた再組成されるべきことを示唆するテーマ群である。

6　他者を理解するための知として
――認識的不正義を教養に活かす――

ラーンの渦中にある大学教育にアンラーンを組み込むためには認識的不正義などの批判的、省察的な概念をあらかじめ大学の教養科目などでラーンしておくことが必要だと考える。知の相対化についてのいくつかの理論をラーンしておく。科目としては教養の学びそのものである。これを実感したのは筆者自身の経験である。

大学時代、筆者は法学部にいた。大学に入学したのは一九七七年四月のこと。教養科目から多くを学んだ。法学を学ぶ必要をドストエフスキーの『罪と罰』、森鴎外の『高瀬舟』、井上靖の『氷壁』などから学んだがそれは「文学」という科目だった。「自然科学概論」という科目からはクーンの「パラダイム」という概念を教わった。マルクスの『資本論』は「経済学入門」から教わった。「近代史」という科目でファシズムの精緻な研究を知った。なかでも「パラダイム」という考えそれ自体が、アメリカのカリフォルニア大学バークレー校という研究大学で理論物理学者だったクーンが文学部の教養科目を担当したときにつくりだした概念だったと聴いて、教養科目として異なる分野の学生に話をすることには創造性があると考えた(9)。

コロナ禍で社会の脆弱さが露出している。格差と不平等が顕わになっている。コロナ禍それ自体をどう乗り越えるのかは当面の課題だったが、予想できない事態に遭遇する未知なる時代を生き抜くための知が求められる事態だった。パンデミックという現象の理解だけではなく、シンデミックという社会科学的な理解も交差すべきという理解はやはり教養の知がないと難しい。つまりCOVID-19が重症化しやすい基礎疾患（糖尿病、心不全、呼吸器疾患など）への備えが十分であったかを調査し、その結果、慢性疾患が世界的に蔓延していること、さらには、予防可能なリスク要因を抑制すべき公衆衛生が機能していないことが原因で、COVID-19のような急激な衛生緊急事態に対して脆弱な状況が続いていることの理解である。そうするとそこには構造的問題が透視できる。専門知だけではなく、領域を越境する教養知の役割でもある。いま改めてこうした知性に関心が集まる。この世界は、答えのない問い、答えが一つではない問いに溢れている。大学は、そうした問いと遭遇し、向き合う場だ。問いを問い直す知として教養知がある。

教養教育は自己成長と不可分である。小学高学年の頃だろうか。当時、「教養小説」というジャンルに惹かれており、そうした書物を好んだ。ドイツ語ではBildungsroman（ビルドゥングスロマン）という。主人公が体験を通して成長していく過程を描く小説の総称である。「自己形成小説」と訳されるだろう。この種の書物が好きだったこともあり、「教養」という言葉に惹かれていた思春期青年期だった。

自己成長物語を自ら描くことはオートエスノグラフィーの主要なテーマである。自己の理解と覚知が基本となる。それは第一人称のナラティブである。それを社会、文化、政治のコンテキストで生きてきた過程と重ねていく。自己をフィルターにしてこうしたコンテキストを透視する。まさに当事者研究や臨床の知というアンラーンから学ぶべきことだろう。自由に生きることを阻害しているもの、それは自己と社会のなかにある幻影や思い込みだろう。それを知的に理解し、取り除いていくことになる。

7　個人のアンラーンと社会のアンラーンをつなぐこと

（1）社会のアンラーンへ

概念生成を伴う創造的な実践を可能にしている社会人の学びに触れながら、アンラーンの力の源を探りたいと考えてきた。アンラーンは、自らの実践の再編を予期すること、それを理論化できること、対象者のニーズ解決に根ざして制度を加工できる力に懐胎する。メタ的思考、相関的な思考、俯瞰する思考、異なる視点をもつことがアンラーンである。

今回紹介した認識的不正義の考え方からすれば、アンラーンは個人の過程だけではなく社会もまたアンラーンすべきだと考えるからこそ知識の偏りとしての不正義という言葉が用いられている。個人のアンラーンと社会のアンラーンが共振するべき論点が提起されている。知識それ自体が欠落しているということは、社会のアンラーンを担うべき専門家や政策担当者にこそアンラーンが必要となることを意味する。認識的不正義をとおして社会（マクロ）の制度、政策、意識がアンラーンされていく過程が共振しないと、個人（ミクロ）のアンラーンも首尾良くいかないということである。システム論風にいえば、アンラーンは既存のシステムの維持が困難になっていくことへの対処ともいえる。システムのアンラーンである。横に広がるかたちで概念が生成していることから知的なソーシャルイノベーションでもある。

（2）媒介する善き隣人モデル

最後に、こうした社会人のアンラーンは専門的な領域だけではなく公共的な領域でもたくさん見出せる。これは対人援助に特徴的でもある。例えば、いじめ、ＤＶや虐待、ハラスメントなどの対人暴力問題で専門家への相談は敷居が高いことがわかっている。相談されるのは知人・友人、同僚、家族・親族などの身近な人々であることもわかっている。まとめていえば隣人であり、市民である。さらに焦点をあてると、公共的課題を担う隣人や市民は少なくない。裁判員がそうである（一八歳以上の人、五二二六人、令和三年）。社会的養育を担当する里親（里親数一万一八五三人・委託のある里親三七七四人。ともに令和二年）、再犯防止・更生保護を担う保護司（四万八〇〇〇人、非常勤国家公務員、民間ボランティア）、民生委員・児童委員（平成二九年三月末現在、全国で約二三万人、非常勤地方公務員。無給、ボランティア）。総数は不明だが、各種の組織で活動するハラスメント相談員（例としてあげれば立命館では一二〇名の相談員）がいる。公共性の高い分野での市民ボランティアも数えきれない。さらに献血も同じように公共性をもつ自発的行動である。こうした諸活動に携わる人たちもまた社会課題の解決を担う人たちといえる。アンラーンしつつ行動している善き隣人と専門職者は地続きとなって市民社会を支えている。ボランティア、NPO・NGO等は社会のアンラーンに役割を果たす。傍観者としてではなく行動する隣人のイメージを豊かに持ちたいものだ。対人暴力問題で適切な情報を当事者に還流させること、悩む当事者に気づくこと、介入するための組織へとつなぐことだけでも善き隣人は不可欠な存在となる。それは社会のアンラーンの裾野を成している。専門家のアンラーン、隣人たちのアンラーンが連続して社会のアンラーンが可能になる。教養の知はそれを支える良識の役割を果たすことになる。

注

（1）鶴見俊輔編著『新しい風土記へ――鶴見俊輔座談――』朝日新書、二〇一〇年、三七―五二頁。
（2）中村雄二郎『臨床の知とは何か』岩波新書、一九九二年。
（3）治療的司法研究会著・指宿信監修『治療的司法の実践――更生を見据えた刑事弁護のために――』第一法規、二〇一八年。
（4）平井慎二『条件反射制御法――物質使用障害に治癒をもたらす必須の技法――』遠見書房、二〇一五年。
（5）イヴァン・イリッチ『脱学校の社会（現代社会科学叢書）』東洋・小澤周三訳、東京創元社、一九七七年。
（6）学習Ⅰから学習Ⅲまでをシステム論として整理したグレゴリー・ベイトソンの考え方を参照している。グレゴリー・ベイトソン『精神と自然――生きた世界の認識論――』佐藤良明訳、岩波書店　二〇二三年。グレゴリー・ベイトソン『精神の生態学へ（上・中・下）』佐藤良明訳、岩波文庫、二〇二三年。また職業行動の洗練という意味では、ドナルド・A・ショーン『省察的実践とは何か――プロフェッショナルの行為と思考――』柳沢昌一・三輪健一訳、鳳書房、二〇〇七年も参照している。

（7）キャロリン・エリス＆アーサー・ボクナー「自己エスノグラフィー・個人的語り・再帰性――研究対象としての研究者――」N・K・デンジン＆Y・S・リンカン編『質的研究ハンドブック　三巻』平山満義監訳、北大路書房、二〇〇六年。

（8）ミランダ・フリッカー『認識的不正義――権力は知ることの倫理にどのようにかかわるのか――』佐藤邦政監訳・飯塚理恵訳、勁草書房、二〇二三年。

（9）トーマス・クーン『科学革命の構造』中山茂訳、みすず書房、一九七一年。

第10章 人類の歴史に見られる「教養知」形成への局面
——科学史・技術史からの覚書——

兵藤友博

大学教育における教養教育、その有効な手立てを検討しなくてはいけないが、教養は大学に閉じているものではなく、広く社会に関わる視野をもって検討することも欠かせない。この章では大学教育制度における教養教育を超えて、教養としての知性は、どのような歴史的・社会的制約の中で分岐し培われて形成されてきたのか。教養は社会における人間的活動に見られる「関心の発展的なシステム(1)」ともいわれるが、このような精神性への反映としての自律的知性は、どう確かなものへと形成されてきたのか。以下においては、科学史・技術史の歴史的局面を、西洋圏を中心に取り上げ、ここに記した問題意識を手掛かりに史実の再評価に努め、「教養知」形成への歴史的道筋を検討する。

1　人間的自然の形成
——人類の起源に遡って——

人は直ちに人間になるのではない。生物種のヒトとしてこの世界に登場する。ヒトはどのような契機を経て、人間的自然（素地）を形成し、人間的な振る舞いができるようになるのか。というのも知性を形成するには、自己自身の身体性を育み、その素地が形成されるようになっていなくてはならない。ヒトはどう人間化していったのか、この節ではその軌跡の局面に立ち戻って検討する。

（1）自然認識と技術

アウストラロピテクス属が人類の起源にあげられるのは、彼らの肢体の解剖学的特徴がヒト的であるからであるが、生物的進化とは別に人間化した証「石器」を残している。動物は直接的に獲物を仕留めようとするが、原始の人類は対面する自然との間に「技術（ここでは石器）」を媒介させて目的を実現していたのである。石器を製作するには、それにふさわしい岩石を見分け、それをどう打ち割れば石器状になるのか、この石器（技術的自然）の製作プロセスを通じて素朴ではあったが自然認識を獲得した。

技術が保有する自然力は、新たな自然改変の手段を人間に得させたわけであるが、さまざまな技術を媒介した身体性を伴った行動を通じて、人間自身にそなわった自然力を超えた技術を介して世界を多様に認知できるようになる。この「技術知」ともいうべき認識は、コミュニティを形成することで、集団間・世代間で共有・継承される。技術は使い方次第でヒトを人間的存在へと導く手立てとなっている。

（2）協働性と言語

人類は「言語」に近いものをいつ編み出し使用し意思を互いに伝えあうようになったのか。仲間と共同して狩猟・採取に出かけた際に、どのような道具を考案し製作したら、またどのように振舞ったら効果的なのか、これらの狩猟・採集の想定される場面、実際の事物・局面を言語（音声記号）として表現した。言語は人間集団の協働性、目的実現のための計画的行動のなかで生まれた。そして互いの意思を精緻に伝えられるかが肝要となり、言語を多様な語彙をそなえたものへと高めた。そして原始人類は集団性を強め前史的な社会を形成した。そして身体性を伴った言語活動はヒトを人間的存在へと育んだ。

ヒトと動物の決定的違いは、道具を製作する工作道具を製作し使用した点にあると指摘される。経済学的に措定すれば、技術は労働手段、言語は労働の協働性を媒介するものである。ヒトを人間化させるのに契機となるものは技術と言語であるといってよい。

（3）自然への畏怖と魔術

自然は原始人類にとって畏怖（脅威）を感ずるほど、自然は圧倒的な大きさを持つ。したがって自らの生命維持を持続するために技術と集団性を強化する必要があった。一万数千年前（後期旧石器時代）のラスコーやアルタミラの洞窟壁画などが知られるが、そこに牡牛や野牛、鹿、馬、山羊などの動物の姿が描かれている。これらの壁画製作の動機は何だったのだろう。イギリスの歴史家チャイルドは『文明の起源』(2)において、「単なる神秘的な『芸術上の感激』の表現ではない。……まじめな経済上の動機からおこなった。……洞窟壁画が魔術上の目的をもったことを、しめすものである。……まちがいなく成功するために、……ヤリのつきささった野生の牛を描いた」と経済上の動機の優位性を指摘している。

興味深いことは、洞窟壁画には狩猟の様子、なかには鳥のカブトをかぶったシャーマンの姿が描かれている。シャーマンは部族の経験上の伝承を受け継いだ知恵袋的存在で、狩猟の結果を占い、成就するように祈りを捧げることで、人間の側の知恵と技術の未熟性を補完しようとしたことを表す。魔術的行為によって自然界、すなわち天空、海洋、大地に宿る神霊、精霊等の外界との意思疎通を念じ、好ましいものを引き出そうとした。原生的群団の成員（個）は共同体に統合され没し、この自然性的集団は種族の中に溶解しているともいわれるが、シャーマンの存在を翻って考えてみると、その原生的群団において外界に対する態度・認識の一体性があったことを示す。魔術的行為は自律性の点で異論の余地もあるが、原生的群団の関心のあり方を表す点で教養の範疇に入るものといえなくもない。

2　古代における「学問知」「技術知」
――国家の成立と知性の階級制――

(1) 高級官吏の登場と労働蔑視

古代エジプトでは知的な精神労働を担う書記とよばれる高級官吏がいた。文書を記録したり、暦法や計算書などの読み解きなど、さまざまな業務に従事した。灌漑農耕や土木・治水事業を必要とした古代国家は、これらの生産活動にかかる地代・農産物の管理や耕作地の測地の必要から計量単位を編み出し、算術を考案した。ただし、書記は社会的には王侯に仕え、その知的活動は支配のために用いられ、特権階級の利益を擁護する側にあった。この社会的役割づけに見られるように、書記の知的活動には階級性がつきまとい、平民は「知の共有」から遠ざけられていた。

書記養成学校に行っている子に父が語る。陶器師は泥だらけ、鍛冶職人や金属細工師の指はワニの背のようになり、布織工はその姿勢から腿が胸にくっついてしまうと手仕事をけなし、書記になればこれらの手仕事をしなくてもよいし、命令を出せる良い職だと諭した。このような思想が書記という高級官吏という身分において醸成された。

古代ギリシア・ローマは、これらのやっかいな仕事を奴隷に担わせる労働奴隷制という制度に落とし込んだ。プラトン時代になるとアテネは奴隷制依存を強め、市民は肉体労働蔑視の立場をとり、生産的実践の要としての技術に頓着しなくなったという。

(2) 古代ギリシア・イオニアの科学精神

しかし、その二世紀前の古代ギリシア・イオニア地方には万物の原理（アルケー）をもとに合理性を志向した自然哲学者がいた。イオニアで科学精神が芽生えたのはイオニアには「自由な雰囲気」があり、「諸文化の同時的摂取」、すなわち各地域の神話を含む事物の解釈の違いを相対化する「批判」から「客観」的に観察し思考することができたからだとされる[3]。このような説とは別に、イオニアの植民都市はギリシア本土のポリス社会とは異なっていたからだとする見解がある[4]。

「イオニア地方、小アジアのエーゲ海の沿岸では、社会事情は、第六世紀には、これとまるでちがっていた。ここでは政治権力は商業貴族の掌中にあり、そしてこの商業貴族は技術の急速な発達をうながすように積極的に活動していた、それというのもかれらの繁栄がその技術に依存していたからである。奴隷制度はまだそれほどに発展していなかったので、支配階級が技術を軽蔑の目をもって見るほどにはなっていなかった。知恵はなおいまだ実践的で有効なものであった」。

イオニア地方のギリシア人植民都市は、ギリシアの本土と異なる新開地で生産現場の技術、そして労働をまっとうに扱っていたのだろう。古代ギリシア語の知恵の意をもつソフィア（sophia）は、もともと知恵、賢さとならんで、技巧や技術の意もそなえ、生産活動の実際性を反映した言葉であったのだが、その意を転じた。

古代における知的認識は、文明を抱くその地域性（風土）に依存していた。幾何学は元の意は古代エジプトの測地術に由来する。縄張り師たちは直角三角形の整数比を使って直角を得たといわれ、極めて「実際知」的性格を備えていた。これに対してピタゴラスたちは三平方の定理として整理した。自然や生産的実践から切り離して、万物の原理を「数」とし、抽象性を高めた数学的考察で成果を上げた。思惟は生産活動にかかる事物を対象としていたが、生産活動から離れて抽象度をあげることで理論的な思惟活動としても行えるようになった。

（3）奴隷制社会下の「学問知」とは

プラトンが学園アカデメイアの戸口に《幾何学を知らざる者はこの門を入るべからず》と掲げたというのは、「宗教的兄弟団」を結成して数論や幾何学、音楽、宇宙の構成などを思惟し、興ずることを「修業」として取り組んだ、ピタゴラス派の学園的性格を模していたことを象徴している。ただし、ピタゴラスの教団は密儀宗教的なクローズドな性格であったのに対して、プラトンの学園は学の自由をそなえたオープンな性格を備えていた。プラトンは《「無知の知」以外に主張すべきとくべつの教説をもたず、すべてを論議にまかせる》、ソクラテスゆずりの精神的理念を受け継ぎ、自らの教説を弟子に押しつけず、弟子も自由に師を批判したと指摘されている。

そのことはともかくとして、プラトンの弟子にあたるアリストテレスの『政治学』(5)には、次のような一節がある。「植物は〔食糧として〕動物のためにあり、他の動物は人間のためにある……、もし自然が何一つ無目的に作ることもなければ無駄に作ることもないとすれば、自然はそれらすべてを人間のために作ったのでなければならない」と、ここには師プラトンと同様の、自然界は人間を中心として創られている、当時の市民を支配階級とする奴隷制社会のあり方を、自然界に当てはめて解釈する社会型発想法が看取される。なおまた「奴隷の自然本性とは、……人間としてありながら財である、……行為のための道具なのである」とまで述べ、奴隷の道具性はその本性に基づくものとした。この知見は差別的社会関係の常態化を合理化するものに他ならない。

古代ギリシアが奴隷制社会であったことはまぎれもない歴史的事実であるが、先に紹介した叙述から示されるように、知性認識に市民〔自由人〕と在留外人、奴隷との間で階級制に基づく差異があった。廣川洋一は、プラトンにとって、徳を目指す教育は「完全な市民になること」であり、市民が一般的・普遍的な場面で関わりをもちあうためには「政治にかかわる能力、政治的徳」が求められたと整理している(6)。古代ギリシアの市民的教養は都市国家を統治するための政治的教養に概して極限されたもので、とてもダイバーシティが備わっているとはいえない。

当時の職人の知識について、「技術の知識は、真実なる知識〔哲学者、自由人の学識〕の下に置かれた」と、知識に身分的階層構造があったことが指摘されている。ギリシア世界は、奴隷制の深化とともに、職人を蔑視するようになり、結局、市民は労働蔑視から技術への関心は薄れ、技術知から遠ざかった。確かに機械のさまざまな要素に留意してはいるが、製品の形象に関する知識は工人〔職人〕に由来するにも関わらず、製品を使用する人〔市民〕に属するという、本末転倒な解釈をしている。プラトンやアリストテレスが活躍する時代、工人はポリス内の下位に貶められていた。[7]

(4) リベラルアーツの評価

リベラルアーツのリベラルは、肉体労働を課された奴隷の存在（奴隷）を除外した自由人たるローマ市民のことである。通常、七科とは文法、弁証法、修辞学、音楽、数論、幾何学、天文学を指す。だが、実際には弁証法や修辞学、数論、幾何学、天文学のどれかがないか、一方で医学や建築学、体育、法学を加えた編成もあった。この自由学芸は、元老院や平民会での政治的談義・応酬に役立ち、帝国の政治的統括に必須だったと考えられるが、「徳を受け入れるように精神を準備してくれる」「予備的な学科」として、[8] 当時のローマ市民が学ぶべき共通理解＝教養的部面があったという。

こうした見地とは別に、『自由学芸』とは、ギリシアで確立された教育体系がローマにそのまま受容されたというより、ローマ人が教養・教育を整備するに当たって古代ギリシアからの『伝統』として権威化したものと見なされる」とし、古代にその統一的な規範を求めることはできないと指摘する見解もある。[9] しかも、自由学芸の自由は、前述のように自由人たる限られた自由市民の自由であったという事情からすれば、リベラルアーツの枠組みを教養の起原とするのは抑制的に位置づける必要があろう。

前一世紀の政治的・哲学的著作を残したキケロは、《ギリシア人は幾何学そのものに敬意が払っているが、ローマ人は幾何学を測量や計算に限定しているとし、その国民性の違い》を指摘した。また、前一世紀後半のウィトルウィウスは著書『建築書』に建築家が身に付けるべき教養として自由学芸を推奨し、実用的観点を記したことで知られる。

道路や水道、建築など、土木・建築の工学的領域で古代ローマは目を見張るものがある。しかし、水車動力は発明されたが普及せず、ヘロンの汽力球などは「おもちゃ」的な発明の域にとどまった。奴隷制への依存はローマ市民の関心を技術の実践的な部面に向かわせず、結果として古代ローマの学問知を、偏在させてしまったというべきであろう。また、その向かう矛先はいびつな思想を示すものでもあった。紀元一世紀後半に活躍したフロンティヌスの『水道書』には、《こんなに多くの水を送ることのできる土木工事を、もしお望みなら、あのなまけ者のピラミッドやギリシア人の名高くはあるが役に立たない建造物と比べていただきたい》と、ローマの水道の有用性を重んじるあまりに近隣の民族の構造物を見下した、価値二分法が貫かれている。

（5）聖書の権威づけ

後四世紀末から五世紀に活躍した教父アウグスチヌスは、これらの古代の「教養知」の総括的整理を行った。キリスト教のローマ帝国の国教化にともない、自著『神の国』(10)において聖書の権威づけを行なった。その中で、神を復活させたプラトン哲学に好意的評価を示し、一方でイオニアの自然哲学者らの知見をそしった。万物は水だとか火だとか原子などの形体的なものとしているが、これは「心が肉の思いに縛られてつくり出したことしか」考えられないからだと評した。人が本来思惟しているものは「形体の似姿」であって人間の精神、ましてや精神をつくりあげた創造主：神は形体的ではあり得るはずはなく、無償の信心によって近づける天上の国にこそ真実があるのだとした。日常の自然界の出来事も神の御業、恩寵なのだとして神学的世界観から説いた。

アウグスチヌスの登場は、古代の階級的身分制に基づく「学問知」「技術知」のパラダイムを超えて、宗教界が世俗権力と結びついて人々の精神性を聖書を頂点とした知性観に一元的に包摂する時代へと転回していく契機であった。

3　宗教と科学の対抗
――科学的知性観はどう獲得されたのか――

中世になるとラテン地中海世界の学術は下火になる。これに代わったのはアラビア世界で、「知恵の館」などを設営して、ギリシア・ローマの古典文献のアラビア語化を行った。学術は科学性を礎とした普遍性、国際性によってローカルな地域世界をつないでこの時期アラビアで発展した。アラビア語由来のケミストリーやアルジェブラ、アルゴリズムなど、アラビアなくして今日の科学を語ることはできない。

ルネサンス期、学術を継承した地域としてイタリアから目を離せないが、近代科学を担ったのはゲルマン世界とその周辺の地域であった。ダ・ヴィンチは貝の化石をめぐって、神父のノアの洪水説に対して地層隆起説を主張した。ドイツのクザーヌスの著『知識ある無知について』（一四四〇年）などには、地動説に結びつく知見が示されている。

（1）宗教改革とコペルニクスの地動説

コペルニクスの『天体の回転について』（一五四三年）は難なく出版できたのか。最大の障害は、地動説は『聖書』の自然の理解に反していたことだ。実はコペルニクスは聖堂参事会員の職にあったが、プロテスタントの代表格ルターをはじめ確実な批判勢力の存在がいて、出版をためらっていたといわれる。とはいえコペルニクスは序文で「成し遂げるのに多くの労力を費した私は地球の運動に関する私の考えを文字に移すことをもはや怖れません」と記し、地動説の革新性を自覚し自信を覗かせている。

死の床に就いていた齢七〇のコペルニクスは知らなかったのか、同書の前書きにルター派の牧師が、「これらの仮説が……観測に合う計算を与えるという一つのことだけで十分である。……神によって啓示されたのではない限り、……誰も知ることも教えることもできない」と、[11] 地動説の本質を相対化し神を頂点に据えた記述が書き加えられていた。

この一六世紀、プロテスタントの宗教改革の運動の一方、カトリックを原理とするイエズス会なども設立され、またローマ法王庁は一五四二年異端尋問所を開設する制度的改編を行った。聖書に反する言動が問題されるようになり、しかも言論の自由のない時代、一五六四年のトリエント公会議で特別委員会が設置され、禁書目録が作成・公刊された。異端の対象は個人の言動だけでなく文書も対象となる反動の時代の始まりでもあった。

(2) ガリレオの宗教裁判

ガリレオは、一六〇九年望遠鏡を発明し、月や木星、金星などを観測し、月に山や谷があり地球と同様であること、また木星の衛星、金星の満ち欠け、さらには太陽黒点の存在など、地動説を支持する事実を発見した。ガリレオはこれらの新発見に沈黙を保つことはできず、一六一〇年『星界の報告』を著し、また町の有力者を集めて望遠鏡で見せた。

ガリレオが異端尋問に告訴されるに至った事の発端は、弟子のカステリがトスカナ大公妃から問われ、大公妃宛ての書簡で神学と天文学との関わりについて、自然は科学研究上の事柄、一方信仰は宗教上の事柄という、理神論的立場から二重に解釈される見解を示したことにある。

確かに地動説自体は科学の枠内のことであったが、ガリレオの言説を疎ましいと感じる修道士は「ガリレオ潰し」の機会を窺っていた。書簡の写しを改ざんして異端審問宗教裁判所に告発した。これを受けて検邪聖省は他の著作物と共に裁断を行った。同省の公文書には、地動説を聖書に対して正当化した書物は全面禁止措置、またコペルニクスの書物は字句修正が終るまで一時刊行差し止めの措置が取られた。ガリレオについては《意見と教説を教え弁護し論議すること差し控えよ》と記され、これを受けて一六一六年戒告処分となった。

しばらくしてガリレオにとって好機が訪れた。知己の枢機卿が法王ウルバヌス八世となり、ガリレオは法王から一定の了承を得て『天文対話』の執筆に取り掛かった。一六三〇年ローマの検閲官に『天文対話』を提示した上で出版の手配を行い、ベネチアの長官から暫定的許可を得た。翌年、バチカンの長官と交渉、序文と後書きについて、またフィレンツェの検邪聖省に許可をとった。おおすじ順調に進んだ。しかし、一六三二年、『天文対話』が印刷されると、法王庁は頒布禁止措置を行い、調査特別委員会を設置、ガリレオは宗教裁判で有罪、異端聖絶を命ぜられた。

なぜこのように転じたのか。先の戒告に反したことにあるのだが、宗教を旗印にした三〇年戦争の政治的緊張の中、法王は厳しい立場に追い込まれ、もはやガリレオの後ろ盾になれなかった。当時の政治的社会的状況下、科学は「公共知」であるというような市民権は成立していない時代状況の中、ガリレオの意は一顧だにされなかった。

（3）科学の社会的機能の核心

ガリレオは『新科学対話』の中で、ベネチアの造船所の職人たちの経験と知識、技が「研究者達の頭に思索のための広々とした働き場所を与えている」と、自身の研究が職人たちの存在なしに成立しえないとその意義を評した。ガリレオの職人に対する態度は科学に携わる者がすべきことを相応に自覚していたことを示すものといえる。地動説を世に広く伝えようとしたのはこのような社会感覚を備えていた科学者ガリレオがなせる業といってよい。

ガリレオ裁判は宗教の科学への統制を示すものだが、より広い視野から見れば、「科学には内在的に世界に警鐘をならす[12]」という科学固有の社会的機能を有しているからであるといえよう。すなわちガリレオ裁判は、地動説の核心的内容、つまり人類社会を含むこの世界を天界（聖）と月下界（俗）に二分するような特別な世界観はないことを知らしめようとした出来事ともいえる。確かにデカルトはガリレオ有罪の報を聞いて、地動説を踏まえた渦動宇宙説を記した『宇宙論』の出版を断念した。だが『天文対話』は、一六三五年オランダで翻訳本が、一六四一年フランス・リヨンで、一六九九年にはオランダ・ライデンでラテン語訳が出版された。ローマ法王庁の統制はイタリア国内はともかく他の西欧地域では必ずしも行き届いてはおらず、地動説の知見は広がりを示していたのである。

（4）聖書と切り結ぶ科学

宗教と科学との対抗関係のこの問題は、ガリレオ後も宗教裁判にならずとも長期に渡って続いた。提示される学説の中身に聖書の考え方が忍び込んでいた。これに対して科学研究に基づく学説が示され、広く議論されて科学性が評価されていった。

スウェーデンの博物学者リンネは『自然の体系』（一七三五年）で植物等の分類法を示したが、植物は神が創造したと考えた。これに対して、イギリスの地質学者ハットンは『地球の理論』（一七八八年）で、過去は現在を観察することで判明するとする斉一説を説いた。また、フランスの博物学者ビュフォンは『自然誌』（一七四九―一八〇四年）を刊行した。ビュフォンは、この書で自然哲学を宗教と区別し自然の説明を自然自体に求め、地球は太陽に彗星が衝突して生成し、全自然の進化、すなわち地球の形成や動植物の種の生成は過去も現在も同じように形成されると、斉一説から天変地異のノアの洪水説を否定した。なお、生命の自然発生説も説かれたが、密封加熱殺菌実験で自然発生説はあり得ないことが判明した。

一八世紀頃までは生物の生体の原型はもともと出来上がっているとの前成説がキリスト教の創造説と相まって優勢であった。これらの学説に対して精緻な観察から生物の器官も未分化な状態から形成される様子が示され、後成説が説かれた。そして、聖書の見地と整合させる生物の成り立ちを説く学説の問題性は、地質学領域の調査研究によって暴かれ、一八世紀から一九世紀にかけて、博物学や生物学領域の科学は神学的見地と種々切り結んだ。

一八世紀になると、絶対王政や教会の旧体制下の社会的諸矛盾が問題となる時代を迎え、フランスを中心とした啓蒙思想、イギリスの経験論が展開され、社会思想の部面で新境地が示され局面を変えた。また、産業革命は鉱山開発や工場・都市開発にともない動物の化石が発見され、古生物学の研究を発展させた。次第に自然界の科学的理解と信仰上の神学的理解とを区別し、科学的理解は人間と社会の進歩に貢献する「公共知」的意味が理解され一般化し、分類学や形態学等で培われてきた進化思想が受け容れられるようになった。

（5）ダーウィンの科学に対する姿勢

進化思想といえば、『種の起原』（一八五九年）である。ダーウィンはその「序言」において、「軍艦ビーグル号に乗船し航海しているあいだに、南アメリカの生物の分布やまたこの大陸の現在の生物と過去の生物との地質学的関係にみられる諸事実によって、つよく心をうたれた。……すなわちおのおのの種は個々に創造されたものだという見解――はまちがっているということに疑いをいだくことはできなくなっている。私は種が不変のものではないこと、……さらに私は、〈自然選択〉が変化の、主要な方途であるが唯一のものではなかったことをも確信している」[13]と述べている。

ダーウィンは、『種の起原』において異論についてもコメントを加えた。興味深い事柄は、続いて刊行した『人類の起原』の「序」において、当時の進化学説をとりまく状況、なかんずく「発表することは私の考えに対する偏見をつのらせるにすぎない」と考えて、当初は公表を思いとどまっていた。だが「事態はまるで異なってしまっている」との現況を顧みて[14]、自らが明らかにした知見を積極的に公表することにしたと記している。

さて、ダーウィンが乗り組んだビーグル号はイギリス海軍の帆船で、その表向きの目的は世界各地の地理的自然の情報の収集にあったが、実は海外拠点の調査にあった。その点で、進化論の誕生の学術的問題とは別に、そのバックグラウンドにはイギリスの国家としての世界展開の意思を否定できない。ここに窺い知れるように科学と社会を結びつける事態はいよいよ二〇世紀的段階へと差し掛かってきた。一九世紀後半から二〇世紀にかけてのこの時代特有の帝国主義的な野望を掲げる国民国家の意思が渦巻いていた。

なお、二〇世紀後半になって、法王はガリレオ裁判の調査・見直しを命じ、一九九二年カトリック教会の誤りを認め、ガリレオの名誉回復を行った。この時期、法王庁はかつての検邪聖省を教理聖省、さらに信仰教理省へと改編した。実に科学と宗教との関係を整理するのに極めて長年月を要することを、ガリレオ裁判は図らずも示している。また、科学的知見の宗教との対抗関係は、近代科学の展開に伴い、人知が科学性を備えているかの意味が人々に了解され、科学が公共知として受け容れられる契機であった。だが、今度は科学の疑似的利用、すなわち事物の解釈がさも科学性を備えたものとして、政治的・社会的な意思決定をはじめとして日常生活の事柄の評価においても散見されるようになった。教養知の確からしさを確保する上でも、本来の科学性とは何かを広く社会的に日常的に問わねばならない時代となった。これは今日、目を離せない問題となっている。

4　科学と産業、政府、そして戦争
——人類社会の未来を照らす市民的公共性——

科学の社会における位置づけ、殊に産業的位置づけが転回した。産業革命期頃までは、産業の側から自生的に課題が提起され、科学研究が応えるような関係にあった。J・D・バナールが指摘しているように、一九世紀前半期は科学と産業の結びつきは希薄だった。だが、世紀末にはその転機を迎えた。科学—技術—産業の連関は、科学が新たな産業経済の立役者になることを、企業家に認識させ、科学者を雇い科学シーズを元にした製品化、その事業の計画化を統括することの実利性が明らかとなった。そして二〇世紀前半期、科学は「国家の資源」として位置づけられ、科学の産業的利用、戦時政策との関係で富国強兵の競争力の一翼を担わされるようになった。

(1)「国家の資源」と位置付けられた産業化科学

一九世紀後半、ドイツでは電気技術や製鉄技術、光学技術、天然染料に代わる合成染料や新薬を開発する産業が立ち上がった。アメリカではGE研究所（一九〇〇年）、デュポンの研究所（一九〇二年）、ベル研究所（一九二五年）等の企業内研究所などが設立された。白熱電球工業を基盤にX線管や電子管等の製品装置の工業的開発と、これを担う技術スタッフ陣との連係によって、基礎科学と応用科学が結びつき、アカデミアとは異なった連係によって際立った成果を上げた。

イギリスでは一八七四年、キャベンディッシュ研究所がケンブリッジ大学の付属施設として設立された。これは一八五一年の万国博覧会を契機とした英国の科学技術振興の一環である。同研究所では将来を嘱望される研究者が育まれ、有意な学術的研究成果を上げた。この時期の西欧諸国における大学の設立は、今日の大衆化した大学と必ずしも同一とはいえないが、二〇世紀のアカデミック・サイエンスの基本的なあり方を築き上げた。

また、政府科学の象徴ともいえる国立の試験研究機関が設立された。ドイツの帝国物理工学研究所（一八八七年）の設立は一九世紀後半の帝国ドイツのあり方、拡大する世界市場への対応が社会的背景にある。産業界は工業技術開発のための基盤研究や、応用研究のサポートを求めていた。イギリスでは国立物理学研究所（一九〇〇年）、アメリカでは国立標準局（一九〇一年）など、計量標準を主務とする技術行政的な試験研究機関が創設された。なお、学術研究を担うアカデミーや公衆衛生院のような保健行政研究機関なども設置された。日本でも電気試験所（一八九一年：工業技術院電子技術総合研究所の前身）や工業技術試験所（一九〇〇年：現在の産業技術総合研究所の起源となる組織）が設置された。これらの研究所は研究に専念できる研究拠点であるが、政府と産業と学術のトライアングル構造の中で生み出された。

欧米の国民国家はこの時期、帝国主義（海洋帝国）の時代を迎え、これまで以上に海外市場を拡大させ、鉱物資源、海洋資源などと同様に科学を「国家の資源」として位置づけるようになった(15)。科学を担う研究者・学術研究組織は、科学・技術の研究開発とその社会化（実用化）を通じて企業（産業）や政府と連携することになった。各国の状況の違いもあったが、資本をバックとする政府、企業が科学（学術）を統轄しようとする時代となった。第一次世界大戦時、イギリスでは科学と産業を統括する政府機構として科学産業研究庁が、アメリカでは国内の学術界を統轄する、科学・工学・医学のアカデミーの実働部隊として全米研究評議会（ＮＲＣ）が設置された。

（2）国家科学の推進と戦時動員

アメリカにおける「国家科学」の推進は、第一次世界大戦時の海軍諮問委員会に始まる。メンバーは工学・技術系の学協会の代表で構成され、議長にトーマス・エジソンが就いた。また、航空諮問委員会も同年設置され、政府主導の研究開発が開始された。イギリスでも海軍本部の発明研究委員会が設置され、仏独等でも展開された。政府主導の研究開発の取り組みは、戦時のみならず一九三〇年代の戦間期の平時においても進められた。アメリカでは、一九三三年科学諮問評議会による「科学の活用」の調査が、そして一九三七年国家資源委員会によって「研究は国家資源である」との位置づけが明記された。これは科学の一般的生産力としての機能を産業的に軍事的に発揮させようと、政府がその戦略的価値づけを示したものである。

国家科学の推進は第二次世界大戦時に画期をなす。アメリカでは科学と科学者を動員する科学研究開発局（OSRD）等が設置された。子細は割愛する。その行き着く先は破壊と殺戮の悲惨な現代戦の展開であった。核兵器は今日も危惧されるその象徴的存在である。[16]とはいえ科学の戦時動員は、後述するように科学者をして人類社会に対する新たな視野へと転回させた。

さて、科学者たちの原爆開発計画参加の動機は、フリッシュ・パイエルス・メモ（一九四〇年）に窺える。メモには「超爆弾（super-bomb）」は抵抗不可能、多数の人命の殺傷の可能性からその使用は「不適当」であると指摘されている。このメモが示すように、多くの科学者は人道的に「不適当」と思いもしたが、ドイツ原爆に遅れまいとする抑止論に取り込まれ、計画に加わった。ところが、一方の当局は早期からドイツではなく日本への投下を機密裏に想定していた。一九四三年五月の米国・軍事政策委員会政策会議では、最初の爆弾の最適の標的はトラック港に集結する日本艦隊、スタイアー将軍が東京をあげたという。この会議で日本人が選ばれたのはドイツ人と比較し爆弾の知識を得る公算は少ないと見られるとの差別思想であった。また、英米首脳は一九四三年八月のケベック会談で、両国による原子力と原子爆弾の占有的利用を、開発は米国優位で進められることを極秘に確認していた。

（3）虚構となったドイツ原爆

歴史の綾は一筋縄ではない。米国当局は一九四三年一二月と翌年七月アルソス科学情報調査団を派遣し、ドイツは原爆を開発していないことを調べ上げた。けれど調査団の情報は科学者の原爆開発の意欲をそぐことから機密扱いとなった。

科学者の中には原爆開発の戦略にかかる情報を漏れ聞いた者がいた。ポーランド出身の物理学者ロートブラットは一九四四年三月の不愉快な衝撃的事実として、《原爆計画は「ロスケ」を屈服させるためのものだと、原爆計画を取り仕切るクローヴス将軍から聞かされた。私はスターリンの体制になんらの幻想も持ってはいなかったが、同盟している連合国を裏切ることになるという思いを強くした。英米同盟軍のノルマンディー上陸作戦の準備時間を与えるために、ドイツ軍を東側の最前線に釘付け、毎日何千人というロシア人が死んでいた時だった。その時まで私たちの仕事はナチが勝利するのを妨げるためであると考えていたが、私たちが用意している兵器は、ソ連を劣位に置くために用いられようとしていることがわかった(17)》と回顧している。ロートブラットはその年の暮れに原爆計画は本意ではないとして離脱した。

一九四五年春には少なくない科学者が気づきだした。ドイツは敗北の決定的瞬間を迎え、ドイツ原爆はもはやあり得ないことが判明した。科学者を原爆完成へと駆り立てていたドイツ原爆対抗の論理は虚構となった。第一次世界大戦時の科学者は、概して国家主義の思想に取り込まれ、もっぱら政府の政策に協力していたが、この時は違った。

(4)「市民の一団」としての科学者

彼らは対ソ抑止政策や、無警告原爆投下の対日政策を聞くに及んで、戦時終盤期に原爆開発計画および原爆の政治的社会的意味を見直し、科学者の側からマンハッタン計画当局に対して科学者の意向を伝える働きかけを始め、意見書「政治的、社会的問題について報告（フランク報告）」をまとめた。一部紹介する。

「計画に関わった科学者たちは、国家的な、あるいは国際的な政策の問題について権威主義的に語ろうというわけではない。しかしながら、事実の重みによって、この五年間いた立場から、我々は、人類の他の部分が気づかない、この国とすべての国の未来の安全にとっての重大な危険を認識した少数の市民の一団であることを自覚するに至った。それゆえ我々は、原子力の支配から生じる政治的な問題がそのあらゆる重大性において認識されるよう、また、それらの研究と、必要な決定の準備のために適切な処置が取られるよう促すことは我々の義務であると考えた。」「我々は、この戦争での核兵器の使用は、軍事上の便宜ではなく、長期的な国家政策の問題として考えるべきであると勧告する。そして、この政策は、核戦争手段の効果的な国際管理を可能にする合意の達成を第一の目的とするものでなければならない(18)」。

科学者は研究組織の成員として**職務専門性と職務専念性**の発揮を求められるが、ここに示されるように。市民の一団であること、すなわち**市民的公共性**（社会性）を自覚して核兵器使用の政治的問題、国際管理達成の重要性を認識した。フランク報告のメンバーの一人レオ・シラードは大統領宛請願文書を起草した。人道主義、かつ世界の破滅を招きかけない無差別殺戮の原爆の無警告投下は正当ではないこと、使用の決定に当って米国はあらゆる道義的責任を考慮しなければならないと記し、各研究所に賛同依頼を行った。だが、一方で当局はこれらの「忠誠心の定かでない」科学者を「望ましくない科学者」であると烙印を押した。

（5）為政者と科学者の視座の違い

マンハッタン計画当局の政治的・軍事的権力を握る為政者は、軍事的便宜主義から原子兵器「超爆弾」の比類のない威力「超」に魅せられて、自国と同盟国の政治的・戦略的利用を謀り、他国を軍事的暴力でもって圧倒しようとする。

これに対して、科学研究に取り組む科学者の中には「超爆弾」だからこそ、その比類のない軍事兵器が招く破滅的世界、すなわち遠くない人類社会に引き起こされかねない破壊と殺戮の深刻な事態を見通し回避せねばならないと考えて、人道的立場から対日無警告投下に反対した。そしてまた、戦後には戦時動員の経験を経て、核開発競争の回避、核廃絶の意も表明した。科学者の行動には、原爆計画に関与しているということから生じる責任、すなわち現下の局面を自らの専門性から捉えた意思に、それだけでなく無警告投下の対象となっていた人々の尊厳を同じ人間的存在として共感する人間的態度から突き動かされていた。ここには人間としての科学者の社会的責任が根底に見出される。

（6）国家や民族、信条を超えて

科学者たちの中には、戦後、軍事的核開発の国家的枠組みに距離をとる動きが出た。もはや国家間の政治的交渉に託すのではなく、既存の法的・制度的枠組みを超えて、科学者ならではの自主的な組織を結成する一方、多様な市民＝人々に呼びかける新たな動きに出た。その一つが核廃絶の平和を目指すパグウォッシュ会議の結成である。会議は一九五五年のラッセル＝アインシュタイン宣言を機に一九五七年開催されるに至った。宣言には《世界は特定の国民や大陸、信条ばかりにこだわるのではなく、存続が危ぶまれている人類、いわば人という種の一員として考えることの重要性を説き、私たちは新たな思考法、自らに問いかけることを学ばなくてはならない[19]》と互いに意を共有していく重要性が謳われている。国家や民族、信条を超えて「人という種の一員」として、存続が危ぶまれる人類の危機をどう回避するのか、大量破壊兵器の廃絶、紛争解決のための平和的な手段を見出すことを訴えている。アインシュタインやロートブラット、シラード、F・ジョリオ＝キュリー、湯川秀樹らの科学者が、カナダ・パグウォッシュに集まった。日本国内でも一九六二年に湯川や朝永振一郎、坂田昌一、平塚らいてう、川端康成らによって、パグウォッシュ会議の流れを引く科学者京都会議が結成された。

科学・技術の人類社会における利用の確かなあり方・方向性を見通すには、職務に役立つ専門性、職務専念性では足りず、「市民の一団」「人という種の一員」という、国家主義や個人主義を超えて、多様な知性が人間的態度によって連係することの必要性がこうした形で現れた。翻って顧みれば、このような市民的公共性ともいうべき認知は国家科学の戦時動員や産業化科学と対峙する中で自覚されてきたといえよう。

資本主義と国家主義の下、人類社会の活動が地球的規模に展開し、今日、環境破壊、経済成長競争、人権侵害、貧困・格差、難民、核開発と核軍拡などの複層的課題が引き起こされている。これらの課題解決のためには人類それぞれの国に帰属するというよりは、共に地球に生きる市民として連携し合うことが求められている。これには確かな生活感を礎に生きる多彩な階層の一人ひとりが、情報の透明性の下、それぞれの文化性と人間的尊厳を尊重し、国境を越えて幾重にも繋がり、ダイバーシティを受容することで確かな自己認識と世界認識に至ること、その上で、市民的公共性に裏打ちされた知性と行動を育むコミュニティを形成し、人類的視野を眺望した教養知を育んでいくことが鍵となっている。先のパグウォッシュ会議はその一例である。

注

（1）戸坂潤「教育と教養」『戸坂潤全集』第四巻、勁草書房、一九六六年。
（2）G・チャイルド『文明の起源』岩波新書、一九五一年。
（3）平田寛『科学の起源』岩波書店、一九七四年、二一四―二一六頁。

（4）B・ファリントン『ギリシヤ人の科学』岩波新書、一九五五年。
（5）アリストテレス（神崎繁他訳）『アリストテレス全集17』岩波書店、二〇一八年。
（6）廣川洋一『ギリシア人の教育』岩波新書、一九九〇年、一六一一七頁。
（7）豊田和二「古代ギリシア人の技術観」『社会科学討究』第三三巻第二号、一九八七年。
（8）小林雅夫『古代ローマのヒューマニズム』原書房、二〇一〇年。
（9）納富信留「古代ギリシア・ローマにおける「自由学芸」の教育」『中世思想研究』五六号、二〇一四年。
（10）アウグスチヌス『神の国』岩波文庫、一九八二年。
（11）コペルニクス『天体の回転について』岩波文庫、一九五三年。
（12）郷信宏「学術会議の改革」『日本物理学会誌』第五八巻第七号、二〇〇三年。
（13）ダーウィン『種の起原』岩波文庫、一九九〇年。
（14）ダーウィン『人類の起原』中央公論社、一九六七年。
（15）かつての帝国大学令（一八八六年）の第一条には「帝国大学ハ国家ノ須要ニ応スル学術技芸ヲ教授シ及其蘊奥ヲ攷究スルヲ以テ目的トス」と記されている。
（16）マンハッタン計画の科学者動員の概略は、拙著「核と科学者たち」（山崎正勝・日野川静枝編著『原爆はこうして開発された』青木書店、一九九七年）を参照。
日本の第二次世界大戦時の科学動員の概要は、青木洋「第二次世界大戦中の科学動員と学術研究会議の研究班」『社会経済史学』第七二巻第三号、二〇〇六年が参考になる。学術研究会議は一九四三年天皇の勅令による管制改正により、会長は互選から任命へと会員選考も含め天皇を頂く政権の下に統制され集権化された。同会議の独立性は排除され、科学研究動員委員会を新設、内閣の研究動員会議と連携し、全国の大学を巻き込んだ大規模な軍事研究計画が作成された。超高速飛行機、電気兵器材料、化学兵器及爆発物、超音波ニ依ル潜水艦対策、原子核や航空医学、熱帯及寒地栄養など多方面にわたる一九〇有余の研究班が結成されたという。
（17）J・ロートブラット「なぜ私はマンハッタン計画を離脱したか」『世界』第五四五―五四七号、一九九〇年。
（18）「フランク報告」（和訳）、山極晃ほか『資料　マンハッタン計画』大月書店、一九九三年、四五七―四六七頁。
（19）ラッセル＝アインシュタイン宣言（和訳）、日本パグウォッシュ会議のＨＰ。

あとがき

本書の上梓にかかる教養教育研究会が立ち上げられたのは、日本全国、コロナ禍のパンデミック初期の緊張状況にあった二〇二〇年八月であった。この第一回の研究会以降、私の所属する大学の教養教育科目担当者をはじめ、他大学の教養教育に関心を持つ教員の方々を講師として招き、研究会を開催してきた。

なぜ、このような研究会を開くに至ったのか。その動機は、大学の教養教育は、科目担当者こそ毎回の授業を準備し、これを履修する学生は学ぶことになるが、はたして担当者同士は、どれだけ教養教育に互いに語り、議論を深めてきたのかという思いがあったからである。学内の教養関連の会合は同科目の体制・運営にかかる実務的なことが主で、大学として何を学生に伝えようとするのか、学生自身が教養をどのような方向性をもってどう積み上げていくのかなど、これらの点について担当者間でどれだけ科目内容との関わりで議論をし、学生たちと教室で忌憚なく語り合ってきたのか、常々心許なさを感じてきた。大学の教養教育では、科目を担当する教え手は、科目の内容と意義を問い直し、学生が他の学生とともに、また大学教職員もともに学ぶことが求められている。

本書の執筆者として登場するのは、この間の教養教育研究会での報告と質疑を経て、執筆の意向を示された方たちである。各執筆者は脱稿ののち編集研究会合などをして原稿を整理した。本書は、上記のような教養教育の取り組みの方向性を実現する一石になればと、ここに世に問うことにした。もちろん教養教育が抱える課題は大きく易き課題ではないことは承知しているが、「まえがき」で『教養知探求の研究運動』の布石になれば」との提起をした。その意図は、教養教育にご関心のある方をはじめとして多くの方と共に教養知探求の研究運動を持続的に進めていくことにある。今後さらに、読者の皆様方のご意見、ご批判をいただき、教養知ならではの多様な探求方法を包摂し、その実現の一助になれば幸いと考えている。

また、この間の教養教育研究会の取り組みとしては、本書の報告だけでなく、学生自身がどのように教養教育科目の履修に取り組んでいるのか、サロンや座談会を開催する一方、学生たちの過年度の教養科目の履修科目の傾向を調査し、その初期的な分析も試みた。大学のカリキュラムは専門科目や基幹科目などが時間割に配置され、教養科目の時間割上の配置は優先度が低い。そうした事情もあって学生は「空き時間」に教養科目を履修する傾向が強い。大学生の青年期は自己アイデンティティを形成する時期であり、いうならば「何のために学ぶのか」という問いについて、学生たちが自己の人生に引きつけてその回答を見出すことが重要な課題となっている。この時期にどう「教養知」を志す方向性を各学生自身が見極めつつ形成するのか、どう市民性を備えた社会的人間へと自己を形成していくのかは、大学教育の重要な柱となるものである。この点については今後の課題としたい。

本書のきっかけとなった教養教育研究会は、立命館大学・教養教育センターの後援、また同センターのスタッフの協力を得て、開催してきたことを付記しておく。

なお、本書の企画は、科学研究費補助金（基盤研究Ｃ）「教養知とその形成―その比較分析と教養教育の類型化の実践的検証」（２０Ｋ０２９７９：代表　兵藤友博）の助成を受けたものである。

教養教育研究会代表
兵藤友博

福間良明（ふくま　よしあき）　第5章
立命館大学産業社会学部教授
京都大学大学院人間・環境学研究科博士課程修了．博士（人間・環境学）
専門は歴史社会学・メディア史
単著『司馬遼太郎の時代――歴史と大衆教養主義――』中公新書，2022年．単著『「勤労青年」の教養文化史』岩波新書，2020年．単著『「働く青年」と教養の戦後史――「人生雑誌」と読者のゆくえ――』筑摩選書，2017年など．

家中　茂（やなか　しげる）　第6章
鳥取大学地域学部特任教授
関西学院大学大学院社会学研究科博士課程後期課程単位取得満期退学，博士（文学）
専門は村落社会学・環境社会学
共編著『アートがひらく地域のこれから――クリエイティビティを生かす社会へ――』ミネルヴァ書房，2020年．共編著『新版 地域政策入門――地域創造の時代に――』ミネルヴァ書房，2019年．共編著『地域学入門――〈つながり〉をとりもどす――』ミネルヴァ書房，2011年．

山口　歩（やまぐち　あゆむ）　第7章
立命館大学産業社会学部教授
東京工業大学大学院理工学研究科社会工学専攻博士課程修了
専門は技術論．とりわけエネルギー技術（政策）論から日本のエネルギー政策を研究
共著「ポストコロナ期に求められる教育――「競争主義」に対峙するOAに学ぶ――」『感染症を学校でどう教えるか』明石出版，2020年．共著「技術発展を測るものさし」『21世紀の日本を見つめる――家族から地球まで――』晃洋書房，2004年．共著「再生可能エネルギー――風力発電技術の可能性とその社会――」『科学・技術と社会を考える』ムイスリ出版，2011年．

秋吉　恵（あきよし　めぐみ）　第8章
立命館大学共通教育推進機構教授
日本福祉大学大学院国際社会開発研究科博士後期課程修了，博士（開発学）
専門は農山漁村における社会開発，地域連携教育
共著『学生の心に火を灯す 早稲田大学平山郁夫記念ボランティアセンター20年の挑戦』成文堂，2020年．共著『国際開発と協働――NGOの役割とジェンダーの視点――』みんぱく実践人類学シリーズ，明石書店，2013年．単著『貧困と女性，二重の制約は克服できるか――インドの農村酪農協同組合によるエンパワーメント――』早稲田大学出版，2009年．

中村　正（なかむら　ただし）　第9章
立命館大学産業社会学部・大学院人間科学研究科教授，一般社団法人アンラーン代表理事
専門は臨床社会学・社会病理学
単著『ドメスティック・バイオレンスと家族の病理』作品社，2001年．共著『治療的司法の実践』第一法規，2018年．

執筆者紹介（執筆順）

兵藤友博（ひょうどう　ともひろ）　まえがき・第10章・あとがき
立命館大学名誉教授
専門は科学技術史，科学技術政策
単著『現代産業社会の展開と科学・技術・政策』晃洋書房，2023年．単著『揺籃の実験科学』ムイスリ出版，2022年．共著『科学と技術のあゆみ』ムイスリ出版，2019年．単著『自然科学教育の原則とは何か』あずみの書房，1991年．

野家啓一（のえ　けいいち）　第1章
東北大学名誉教授
東京大学大学院理学系研究科科学史・科学基礎論専門課程博士後期課題中退
専門は哲学・科学基礎論
単著『はざまの哲学』青土社，2018年．『歴史を哲学する』岩波現代文庫，2016年．『科学哲学への招待』ちくま学芸文庫，2015年．『科学の解釈学』講談社学術文庫，2013年．『パラダイムとは何か』講談社学術文庫，2008年．『物語の哲学』岩波現代文庫，2005年．ほか多数．

河井　亨（かわい　とおる）　第2章
立命館大学スポーツ健康科学部准教授
京都大学大学院教育学研究科博士課程修了，博士（教育学）
専門は大学生の学びと成長
共訳『若者のアイデンティティ形成――学校から仕事へのトランジションを切り抜ける――』東信堂，2020年．単著『大学生の学習ダイナミクス――授業内外のラーニング・ブリッジング――』東信堂，2014年．

柳原　恵（やなぎわら　めぐみ）　第3章
立命館大学産業社会学部准教授
お茶の水女子大学大学院人間文化創成科学研究科博士後期課程修了，博士（学術）
専門はジェンダー研究，女性史・ジェンダー史
共著『ジェンダー分析で学ぶ女性史入門』岩波書店，2021年．単著『〈化外〉のフェミニズム――岩手・麗ら舎読書会の〈おなご〉たち――』ドメス出版，2018年など．

小関素明（おぜき　もとあき）　第4章
立命館大学文学部教授
立命館大学大学院文学研究科博士後期課程修了，博士（文学　神戸大学）
専門は日本近現代史（政治史・政治思想史）
単著『日本近代主権と「戦争革命」』日本評論社，2020年．単著『日本近代主権と立憲政体構想』日本評論社，2014年．共編著『現代国家と市民社会』ミネルヴァ書房，2005年など．

現代社会を拓く教養知の探求

2024年3月10日　初版第1刷発行

＊定価はカバーに
表示してあります

編　者　教養教育研究会©
発行者　萩　原　淳　平
印刷者　田　中　雅　博

発行所　株式会社　晃　洋　書　房

〒615-0026　京都市右京区西院北矢掛町7番地
電話　075（312）0788番㈹
振替口座　01040-6-32280

装丁　尾崎閑也　　印刷・製本　創栄図書印刷㈱

ISBN 978-4-7710-3815-8